Das Andere
58

Ilaria Gaspari
A vida secreta das emoções

Tradução de Letícia Mei
Editora Âyiné

Ilaria Gaspari
A vida secreta
das emoções
Título original
Vita segreta delle
emozioni
Tradução
Letícia Mei
Edição
Maria Emília Bender
Preparação
Pedro Fonseca
Revisão
Maria Fernanda
Ambuá
Tamara Sender
Projeto gráfico
CCRZ
Imagem da capa
Julia Geiser

Direção editorial
Pedro Fonseca
Direção de arte
Daniella Domingues
Produção executiva
Gabriela Forjaz
Redação
Andrea Stahel
Editora convidada
Alice Ongaro Sartori
Comunicação
Tommaso Monini
Comercial
Renan Capistrano
Site
Sarah Matos
Administrativo
Lorraine Bridiene

© Ilaria Gaspari, 2021
Publicado por acordo
com The Italian
Literary Agency

© Segunda edição, 2025
Editora Âyiné
Praça Carlos Chagas
Belo Horizonte
30170-140
ayine.com.br
info@ayine.com.br

Isbn 978-65-5998-215-8

Sumário

Nostalgia

A emoção do passado doentio

Arrependimento e remorso,
ou seja: confesso que vivi

A ansiedade é um pedido

Compaixão, ou seja: descobrir-se humano

Antipatia, a emoção inconfessável

Ira funesta ou ira molesta?

Inveja: o olho e o mau-olhado

Ciúme, paradoxo e suplício

Maravilha, da qual nasce a filosofia

«Felicidade alcançada, caminha/
Para ti sobre o fio da navalha»

Gratidão, o sentido de estar no mundo

Bibliografia

A vida secreta das emoções

As emoções têm razão

Nada acontece na natureza que
possa ser atribuído a um vício dela.
— Baruch Espinosa

Um acesso de tosse

Aos nove anos pisei no Teatro alla Scala pela primeira vez, fui ver o balé *Romeu e Julieta*, de Prokófiev. Lembro muita coisa daquela noite: o palco, o lustre gigantesco, o veludo, o esplendor, o saguão onde todos bebiam vinho. Os bailarinos, o cenário, o figurino... Estava animada. Mas havia um senão. As orientações tinham sido explícitas: não fazer barulho, não falar. Num teatro não se pode nem tossir.

E se eu tiver vontade de tossir, como faço? A etiqueta teatral era categórica. Espirrar, bocejar, cochichar, tossir: proibido.

E foi assim que, durante toda a noite, sentada num camarote, a respiração suspensa e os olhos fixos no palco, ainda que arrebatada pela beleza daquela primeira saída de gente grande, só pensava na tosse. Não posso tossir, repetia para mim mesma; e embora não estivesse nada resfriada, de tanto me concentrar naquele único pensamento obsessivo, *não devo tossir — não devo tossir — não devo tossir*, fiquei com um pigarro que desapareceu assim que o espetáculo terminou.

Já aconteceu com todos, não? Dizem: não ria, e você é tomado por uma absurda vontade de rir, sufoca a gargalhada, não aguenta mais e explode. Dizem: não chore, não é hora para isso! E quanto mais falam, mais você sente uma ardência nos olhos e no nariz; repetem outra vez, mas já é tarde.

Fui uma criança emotiva, uma adolescente emotiva, e agora uma mulher emotiva. Qualquer coisa me perturba, me abala, me comove, muda meu humor. Choro em filmes, até nos muito ruins; choro na hora de me despedir de alguém que viaja, mas também se quem viaja sou eu; esqueço os finais dos livros, porque me entristece o pensamento de que as coisas tenham de acabar. Às vezes sinto o coração explodir de alegria, e logo em seguida sou envolvida por uma sombra. Guardo tudo: ingressos, cartões-postais, cupons de desconto, para tentar lembrar quem eu era, quem eu sou, pela necessidade de me manter conectada com as coisas que vivi.

Já caí em prantos quando não devia — quando não *poderia* ter chorado. A última vez foi num encontro on-line: as lágrimas no Zoom não são menos embaraçosas, garanto. Fiquei vexada? Claro. Não queria revelar aquele sinal de fragilidade, mas, como se diz: foi mais forte do que eu. Bem, disse a mim mesma: onde está escrito que uma lágrima me diminui? Chorar é humano; pelas razões mais diversas, acontece com todo mundo.

Demorei muito para compreender que ser emotiva não significa ser instável ou desequilibrada: apenas estar viva, aberta e permeável à experiência do mundo.

Vigora um decreto ambivalente acerca das emoções: por um lado elas são desencorajadas, porque sinal de fraqueza, porque vergonhosas, porque abrem uma fenda que talvez se assemelhe muito a uma ferida na existência mais profunda de quem as sente; por outro, elas são ostentadas com habilidoso exibicionismo, como medalhas, para a curiosidade maldosa de quem olha.

Muitos homens ainda consideram impróprio mostrar-se chorando, ou perturbados; admitir que a vida abala, contraria, condiciona. Mesmo que ocorra a todo mundo.

Para muitas mulheres, ser tida como emotiva e, portanto, instável é uma contínua espoliação de autoridade, no trabalho, na política, na vida; mesmo quando a retórica da emotividade e da empatia a enaltece e santifica, a emoção continua a ser vista como um traço no fundo vitimista, que diminui não só quem a sente, mas a própria emoção.

Quantas vezes reprimimos alguma coisa porque nos envergonhamos do olhar do outro, ou porque não nos sentimos no direito de sentir o que sentimos? Acontece até de, por um sentimento de culpa, negarmos a nós mesmos ter sentido alguma coisa. Isso porque estamos acostumados a desconfiar das emoções; somos deseducados no discurso emocional.

Mas mesmo o temor de parecer vulnerável, mesmo a vergonha de deixar vir à tona aquilo que sentimos, a inveja de quem parece conseguir isso com mais facilidade são, por sua vez, emoções.

E assim, por não ter confiado de bate-pronto naquilo que sentíamos, nos vemos prisioneiros de um *impasse*: daquilo que reprimimos nasce outra coisa, mais forte e tenaz, que pode — agora sim — nos dominar. Vergonha, medo: «paixões tristes», insidiosas porque nos obrigam a nos encapsular em nós mesmos, afastam-nos dos outros; impedem-nos de progredir, de nos conhecermos em profundidade, que é a condição essencial para poder almejar ser feliz. Mais vale, então, tentar conhecer nossas emoções, e as dos outros. Inclusive as tristes: para evitar que nos aprisionem e nos ameacem. Mais vale experimentá-las, sair de um estado de analfabetismo emocional que gera incompreensão e às vezes até violência.

O assunto acaba sendo tão delicado que a classificação das emoções é até hoje tema de debate: muitos estudos de psicologia evolutiva concordam quanto à singularidade de algumas emoções «fundamentais», cujo número, porém, oscila entre seis e oito. Trata-se de emoções que se manifestam da mesma maneira no mundo inteiro (em geral, a lista compreende: repugnância, surpresa, medo, raiva, felicidade e tristeza — o amor, não, pois que muito ligado a ritos socioculturais específicos). De todo modo, existem diversas teorias e paradigmas de catalogação das emoções. Este livro não pretende oferecer classificações exaustivas, só quer ser um percurso, uma espécie de breve viagem emocional que, partindo das emoções conectadas à consciência do tempo (árdua e tão irremediavelmente humana), e passando por aquelas associadas ao conflito do eu com o outro na definição (impossível) das fronteiras da identidade, chega à abertura para o mundo que resulta do reconhecimento recíproco.

Não há dúvida de que para cada um de nós a maravilha,[1] o amor, o ódio e o desejo, a alegria e a tristeza[2] se apresentam de diferentes modos, cada palavra quer dizer uma coisa secreta, relacionada à experiência que evoca uma

---

1. Em italiano, «*meraviglia*», termo que será retomado muitas vezes e que é fundamental para a filosofia. Em português, costuma-se traduzi-lo por «maravilha», «maravilhamento» e «admiração». Optou-se por «maravilha» em função da etimologia do termo, à qual a autora vai recorrer várias vezes. [N.T.]
2. São essas as seis «paixões primitivas» que Descartes classifica em *As paixões da alma*.

lembrança, um aroma, uma pessoa, um episódio, um traço peculiar; mas são emoções que todos sentimos. Fortes e fracos, afortunados e desgraçados, alegres ou melancólicos. Tanto é verdade que, por mais que tenham um significado pessoal, particular, muitas vezes no limite do inefável, sabemos reconhecê-las mesmo quando expressas por outros. Aliás, observe: a expressão de repugnância, ternura ou surpresa em alguém de que gostamos e em quem estamos prestando atenção, o frisar das feições que reverbera certo movimento da alma, como ondas que encrespam a água, lhe será mais familiar do que sua própria expressão, a menos que você não saia da frente do espelho. Aprendemos a ler as emoções na primeiríssima infância no rosto de quem nos ama e cuida de nós; e por toda a vida haverá alguém que lerá as nossas, ainda que não percebamos. Elas nos permitem a comunicação, com sua linguagem universal que aprendemos justamente porque nos une aos outros — porque as emoções dizem respeito a todos, afetam a todos. Reprimi-las, ou ostentá-las num grau que as modifica, e as torna, portanto, fingidas, é cansativo e até arriscado — como condenar-se ao pigarro que nos acomete no teatro quando nos dizem que não podemos tossir.

A filosofia cura os males

O que é uma emoção, afinal?

Se a palavra é de certo modo jovem, o mesmo não se pode dizer do conceito a que se refere, embora não exista coisa alguma que não mude conforme o modo como para ela olhamos, como dela falamos.

Antes de terem o nome atual, aquelas que hoje chamamos emoções foram, por muitos séculos, e em muitas línguas, a partir do grego πάσχειν (*pàschein*) e de seu homólogo latino *pati* (literalmente, «padecer»), *paixões*. No termo *paixão* subjaz um estado de passividade: em geral passividade da alma, lá onde o corpo é ativo, como sintetiza Descartes em pleno século XVII, em seu tratado sobre *As paixões da alma*. Por trás dessa dialética, cristalizou-se um forte preconceito em relação ao corpo, como «peso» e entrave à liberdade e ao desenvolvimento da alma; como se aquilo que sentimos, que nos ancora no mundo sensível, fosse de algum modo um obstáculo ao aperfeiçoamento intelectual e espiritual. Mas a consolidação do preconceito não impediu que, desde a Antiguidade, filosofia e medicina tenham se interessado pelo estudo das paixões: de um lado, na linha que vai da *Retórica* de Aristóteles até a escolástica, e que pouco a pouco dá forma à ideia de que as manifestações do nosso sentir e do nosso ser podem ser classificadas num sistema de virtudes e de vícios. De outro, na tradição médica, com a chamada «teoria dos humores», que vai de Hipócrates ao Renascimento sem nunca ter desaparecido de fato, mantida viva pela medicina islâmica durante toda a Idade Média. Tal teoria identifica no corpo humano quatro substâncias elementares diferentes («humores»), que enformam não só as índoles e os caracteres individuais, mas também os próprios estados de ânimo. Segundo tal tese, que funde medicina, fisionomia e estudo da personalidade, todos os seres humanos podem ser associados a quatro temperamentos fundamentais, dependendo do que, dentre os quatro humores classificados por Galeno, prevalece em sua constituição: o colérico tem um excesso de bile amarela; o melancólico, de bile negra; o fleumático, de fleuma; e o sanguíneo, logicamente, de sangue.

Em pleno século XVII, alguns anos depois de Descartes, um filósofo anticonformista e genial, Baruch Espinosa, introduz no léxico emocional um lema alternativo à paixão: «afeto» — do latim *affetus* — para libertar o sentir do sentido implícito de passividade. Espinosa entende que cada reflexão sobre o homem deve levar em conta o que sentimos, uma vez que nos permite construir um conhecimento do mundo. Que não devemos desconfiar do que diz o corpo. Que fechar-se na pura racionalidade não adianta, porque não somos apenas corpo, nem apenas mente, nem um corpo-marionete no qual uma alma é insuflada, mas corpo e mente juntos.

Enquanto isso, em Londres, o médico Thomas Willis dedicava-se com afinco a dissecar cadáveres de enforcados. E começou a maturar a hipótese de que na origem das manifestações emocionais — os tremores, os ímpetos — houvesse algo de muito, muito corporal: a rede sutilíssima do sistema nervoso. Não seria mais necessário trazer à baila a alma, a passividade, os humores e os temperamentos.

O escocês Thomas Brown foi filósofo, médico e poeta, e morreu jovem em 1820; é a ele que devemos a estreia do uso maciço da palavra *emotion* em referência àquilo que chamamos emoção. Trata-se de um empréstimo do francês *émotion*: não um neologismo, mas uma palavra já existente, que até então tinha tido um significado bastante vago (algo que coincide mais ou menos com «pôr em movimento», oscilar).

Somente no final do século xix[3] se começa a falar cada vez amiúde de emoções: que se distinguem da *paixão*, porque se afastam da órbita da passividade, mas também do *sentimento*, o outro lema fundamental desse vocábulo em transformação. Se comparada ao sentimento, que é o que *sentimos* de maneira consciente, a emoção é mais imediata, mais somática, mais inconsciente, ao menos à primeira vista. A emoção é uma «reação complexa», em geral acompanhada de uma manifestação mímica — uma expressão que muda, uma atitude que se modifica —, que compõe uma variação fisiológica e uma experiência subjetiva que, esta sim, poderíamos dizer sentimental. Envolvidos na experiência emocional, juntos, estão mente e corpo: Espinosa tinha razão.

Epicuro escreveu que «é vão o discurso filosófico que não cura algum mal do espírito humano»; e de fato a filosofia antiga pôs sua sabedoria a serviço do homem e de sua vocação para a felicidade (que o mundo clássico vê não como um estado emocional temporário, passageiro, mas um percurso virtuoso de autoaperfeiçoamento), imaginando

---

3.   O emprego da palavra foi consagrado pelo ensaio de Charles Darwin *A expressão das emoções no homem e nos animais*, uma análise da maior importância da mímica emocional que insiste nas semelhanças da expressão das emoções entre o homem e sobretudo os primatas, confirmando a teoria evolutiva darwiniana. A pesquisa publicada em 1872, depois de anos de investigações apaixonadas, obteve enorme sucesso e logo em seguida caiu no esquecimento, até ressurgir nos anos 1970, com a revitalização da etologia.

sobretudo que, para dominar as paixões, seja necessário apelar para a razão, isolar-se das ondas tempestuosas da vida, ser imperturbável (ataráxico) e independente do que acontece ao redor (autárquico).

Mas a autarquia e a ataraxia não são para todos, pelo contrário: suspeita-se, com razão, que ao se agarrar a um estado imperturbável e autossuficiente se mutila parte importante da vida.[4] Que aquela felicidade, despossuída de seu aspecto mais imediato, do contato direto com o sentir, seja muito abstrata, distante.

Por outro lado, a própria existência das emoções, que desenham «a paisagem da nossa vida espiritual e social»,[5] atesta a impossibilidade de nos pensarmos autossuficientes. E se imaginássemos uma alternativa à ataraxia? Para conhecer as emoções sem se deixar dominar por elas, para não sucumbir a elas nem as reprimir, mas vivê-las, antes de tudo deveríamos nos educar para a sua linguagem.

As emoções que experimentamos nos tornam humanos; mas, para evitar que se tornem paixões tristes, é preciso confiar naquilo que elas nos dizem não só de nós mesmos, mas também dos outros: aprendemos o alfabeto das emoções, que está escrito nas expressões do rosto, acostumando-nos a nos ver naqueles que nos são próximos. Essas reações físicas ancestrais, porém, com sua herança evolutiva e sua componente biológica, também são influenciadas pelos processos internos da mente inconsciente, pela experiência mais puramente subjetiva.

---

4. Espinosa já sustentava que a experiência do afeto é crucial também para a construção das noções que nos permitem um caminho de conhecimento.

5. M. Nussbaum, *L'intelligenza delle emozioni*. Bolonha: il Mulino, 2009.

Cada emoção que experimentamos tem uma história, feita de todas as pessoas que a sentiram, expressaram, cantaram, revelaram, estudaram. A história das emoções, de suas metamorfoses e de sua vida secreta, está ligada não apenas à filosofia, que a investigou construindo paradigmas de observação e de estudo, mas à literatura, e à poesia, que para William Wordsworth, um dos primeiros teóricos das emoções da época moderna, não passa de — veja só — uma emoção revivida com tranquilidade, *emotion recollected in tranquillity*.

Onde cresce a possibilidade da filosofia, que nos permite que nos decifremos, cresce a literatura, que nos dá os instrumentos para nos contarmos como seres humanos. Ou seja, sujeitos conscientes de dispor de um tempo restrito, do qual desconhecemos o limite exato; conscientes de sermos únicos e ao mesmo tempo constitutivamente semelhantes aos outros; conscientes de, trilhando um percurso fascinante e acidentado, podermos conquistar a possibilidade de dizer «eu» para poder ser capaz de pensar em um «nós», para poder nos abrirmos aos outros e ao mundo.

Quando pensou em escrever seus *Ensaios*, Michel de Montaigne imaginava compilar um apanhado de máximas célebres, um florilégio de citações dos antigos, como era moda no Renascimento; logo se deu conta de que lhe era impossível transcrever aquelas palavras escritas muitos séculos antes — por homens que ele só havia conhecido por meio do pensamento confiado ao papel (ou ao pergaminho) —, isentando-se de refletir sobre si. Sem introduzir a si mesmo no cenário, com o seu «eu» que, escrevendo, pouco a pouco se descobria fragmentário, contraditório, ambivalente; com seus pensamentos, suas intemperanças, sua dor nos rins, suas cicatrizes que, talvez — talvez —, tenha escondido, como Rousseau o acusaria de ter feito, aproveitando-se das pinceladas impressionistas com as quais ousou se retratar, pela primeira vez na história. Naquela narrativa de si tão apaixonada, profunda, tão vívida e vivaz, Montaigne nos conta o segredo mais magnífico do humanismo: por mais diversos e distantes que sejamos, em função da história, da cultura, da vida, o fato de sermos humanos permite que nos comuniquemos com séculos de distância, que sejamos contemporâneos, embora separados pelos abismos do tempo.

Esta é uma viagem emocional em etapas: cada uma delas, reconstruindo as vicissitudes das palavras com que expressamos o que sentimos (para lembrar que nenhuma emoção é boa ou má em absoluto), aventura-se na *recollection in tranquillity*, no reviver emoções na lembrança, traçando o esboço de um autorretrato: fragmentário, compósito, imperfeito. Porque, em nosso ser vulnerável, somos todos semelhantes; e nos reconhecer emotivos significa tomar consciência de não sermos autossuficientes, de termos necessidades, e de que são elas que nos tornam humanos.

Dedico este livro a todos os abalados, desorientados, inquietos, fragmentados.

A vida secreta das emoções

À memória de Paolo Cristofolini,
que me ensinou a meditar sobre a vida

Nostalgia
A emoção do passado doentio

O passado é uma terra estrangeira.
Lá eles fazem as coisas de outro jeito.
— Leslie P. Hartley

Houve um tempo em que se ficava doente — e às vezes até se chegava a morrer — de nostalgia. Hoje parece estranho que ela seja vista como um sentimento doce e sedutor, quase uma garantia confortável (como bem sabem publicitários e especialistas em marketing, que recobrem qualquer mercadoria com o manto nostálgico para nos induzir a comprá--la). No entanto, quando começou a ser empregada, a palavra *nostalgia*, composta por dois termos gregos — νόστος (*nòstos*, «retorno») e ἄλγος (*àlgos*, «dor») —, era nome de uma doença. Apareceu pela primeira vez não em um manual de poética, mas no frontispício de um robusto tratado médico. A *Dissertatio medica de nostalgia* foi a tese com a qual em 1688 o jovem alsaciano de dezenove anos Johannes Hofer se laureou em medicina.

Adoeciam de nostalgia, ou seja, da «tristeza gerada pela ardente ânsia de retornar à pátria», sobretudo alguns jovens audaciosos criados numa terra de paz e de relógios cuco,[6] que ainda adolescentes se alistavam como mercenários

---

6. Na verdade, os relógios cuco não são, de fato, de origem suíça, mas sim

a serviço de comandantes estrangeiros: arriscando a pele em batalha por esse ou aquele senhor italiano, ou então pelo rei de França; mas não eram italianos, não eram franceses. Longe dos verdes prados de sua infância na montanha, do canto vespertino dos boiadeiros, combatendo guerras que não eram suas, esses soldados do fim do século XVII começavam a desenvolver certos sintomas suspeitos. Talvez hoje um médico os diagnosticasse com depressão: não Johannes Hofer, que para dar um nome ao mal de que padeciam aqueles marmanjos inventou a palavra «nostalgia». O seu neologismo inclui o nome do retorno, o que o torna diferente do *mal du pays* francês e do alemão *Heimweh*, que querem dizer *mal da pátria*, mas não fazem menção ao retorno. A nostalgia é sempre o pensamento doloroso de um lugar do qual a pessoa está longe, ao qual ela pertence e do qual se sente desenraizada; todavia, a referência ao retorno como um movimento irrealizável modifica toda a fisionomia emocional do sujeito. Porque, para o nostálgico, o problema é justamente o retorno: impossível e, no entanto, desejado com toda a ambivalência que se insinua na esfera do desejo. Desejado a ponto de negá-lo.

---

alemã: parece que quem teve a excêntrica e fascinante ideia de reproduzir o canto do cuco, integrando-o a um relógio semelhante a um autômato, foi o artesão Franz Ketterer, no coração da Floresta Negra, na primeira metade do século XVIII. Mas por culpa de Orson Welles e da irresistível piada sobre a Suíça em O terceiro homem («Sabe o que aquele lá dizia? Na Itália, sob os Bórgia, por trinta anos houve assassinatos, guerras, terror e massacres, mas produziram Michelangelo, Leonardo da Vinci e o Renascimento. Na Suíça, eles tiveram amor fraterno, quinhentos anos de paz e democracia, e o que produziram? Os relógios cuco»), ligamos indissoluvelmente, já há um bom tempo, a Suíça aos relógios em forma de casinha que cantam de hora em hora.

Lembro-me de um tempo já distante, mas não o bastante para que eu o apague da memória. Eu tinha 21 anos e uma bolsa de estudos na Universidade de Türbingen, em Baden-Württemberg. Em Türbingen, cidadezinha universitária no sul da Alemanha, morando no *Stift* — um alojamento que parecia uma aquarela às margens do rio Neckar, cheio de cisnes e salgueiros —, estudaram filosofia e teologia ninguém menos que Hegel, Schelling e Hölderlin; eu, na verdade, tinha de escrever uma tese sobre eles. Iria à biblioteca, iria às aulas, respiraria o mesmo ar que aqueles três haviam respirado, mais de dois séculos antes, enquanto brincavam de Revolução Francesa dentro de um mosteiro luterano, liam Espinosa e criavam o idealismo. Nas fotografias das brochuras da universidade, tudo parecia idílico e ensolarado, e o único obstáculo prometia ser meu alemão capenga que me obrigava a procurar no dicionário uma a cada duas palavras, enquanto todo esforço mental se concentrava em decifrar o significado dos abundantes prefixos e preposições; mas sabe-se que se aprende melhor a língua no local: mesmo que até então eu tivesse tido um ótimo professor, meu alemão só seria aperfeiçoado *in loco*.

Quando cheguei era fim de inverno, março começava e a neve derretia nos campos, que em algumas semanas se revelariam verdejantes e cheios de macieiras em flor, atrás da mastodôntica residência estudantil de treze andares em que eu morava. Havia, porém, um detalhe para o qual não atentei antes de partir: entre fevereiro e início de abril, as pequenas cidades universitárias da Alemanha ficam desertas, uma vez que as aulas são interrompidas. Foi preciso um mês inteiro até que a vida recomeçasse e eu pudesse falar com alguém além do coreano que cursava Direito. Todas as manhãs ele preparava as receitas de sua mãe, que por descuido lhe havia indicado pratos com ingredientes para seis comensais; e ele, portanto, com medo de errar as proporções, preparava suas iguarias como se tivesse de alimentar uma família numerosa, e com grande gentileza me oferecia sempre uma porção, na cozinha coletiva na qual nos demorávamos triturando palavras num desajeitado alemão e mordiscando especialidades orientais. Durante todo o mês de março, fomos os únicos moradores do enorme edifício.

Passado o primeiro mês, as conversas foram tomando corpo e finalmente consegui dominar um pouco melhor a língua e construir para mim, mesmo naquela cidadezinha amena que à primeira vista me parecera tão desolada e hostil, um simulacro de felicidade, que como uma onda cresceu e cresceu e se transformou num belíssimo verão do qual posso até sentir nostalgia. Hoje, porém, daquele primeiro mês interminável, mais do que qualquer outra coisa, lembro-me da dor que me dava o desejo — mas o que estou dizendo? o anseio, *Sehnsucht*! — de voltar: pegar um trem, um avião, um cavalo, uma bicicleta, qualquer meio, e voltar para casa, para a casa dos meus pais, onde cresci. Naquela época, também na Itália eu vivia num alojamento, em Pisa, e havia já quase três anos, para dizer a verdade: mas nunca havia sentido tão forte o impulso de rever a casa da minha infância; nunca havia conhecido a nostalgia. Mais tarde, nunca mais senti nostalgia tão perfeita — desesperada, mas quase consoladora, como as birras das crianças quando cansadas, para depois dormirem extenuadas pelo berreiro — como naquelas noites, com o inverno que terminava e a minha solidão.

Voltava da biblioteca para casa a pé, porque ainda não tinha o bilhete do ônibus, pois para tirar um com tarifa estudantil seria preciso ir à secretaria, e eu adiava; até porque,

26

para que pressa? Para voltar ao alojamento gigantesco eu percorria uma rua comprida e íngreme, à beira da qual vislumbrava, enquanto caía a noite, o acender-se das luzes de casas idênticas, com jardins, as pequenas cabanas de madeira das crianças, as casinhas dos cachorros, o carro estacionado na entrada, uma orquídea florida no parapeito da janela, as cortinas abertas ou cerradas. Olhava as luzes que se acendiam, era cedo, mas para quem morava naquelas pequenas casas alemãs já era hora do jantar: na Alemanha, às cinco da tarde as lojas começam a fechar, janta-se às seis, e eu também estava aprendendo isso na época. Ouvia o tilintar da louça e da cozinha e pensava na minha casa distante, nos meus pais, a quem eu dizia por telefone, por orgulho, mas também para não causar preocupação, que estava tudo bem, que já tinha feito amigos e progredia muito no alemão. E depois de desligar olhava o sol se pôr — porque no começo da noite, mesmo se de dia em geral chovia e ficava tudo cinza, sempre vinha uma réstia de sol, bem a tempo de me presentear com um poente a caminho de casa e de me dilacerar mais um pouco. Ou será que não foi exatamente assim, e talvez não tivesse sol e ele surgia apenas na minha lembrança, distorcido por aquela nostalgia ácida que ainda sinto quando penso nisso? Não sei; revejo o sol descendo por trás da clínica universitária — *Universitätsklinikum* — que ficava no topo de uma pequena colina. Sentia-me invadir uma tristeza tamanha que todo santo dia eu chegava em casa chorando.

Não tinha, nem nunca mais teria, compreendido tão bem aqueles versos de Dante, tão belos talvez porque ele mesmo conhecesse a dor do exílio — versos terrivelmente doces, dilacerantes e suaves, e sobretudo tão verdadeiros que valem para invisíveis e desconhecidos marinheiros medievais, para uma jovem de vinte anos que cismara de estudar o idealismo alemão na pequena cidade em que ele nasceu, e para milhões, talvez bilhões de outros *navegantes*, cada um imerso na própria vida, no próprio mar, que tenham sentido, pelo menos por uma noite, o sentimento de perturbação por estar longe de casa:

Era hora que a saudade aos navegantes
regressa e os enternece já de cor
o adeus a amigos doces dito antes;
e ao novo peregrino punge amor,
se escutar um trinado ao longe então,
como o dia a morrer que ali se chore.[7]

Por outro lado, a nostalgia pode até ser uma doença moderna, mas existia muito antes de Hofer. E muito antes de então, antes mesmo que Dante cantasse seus marinheiros que no início da noite, enquanto a luz morre, relembram o dia em que deram adeus aos amigos, Homero havia mostrado o marinheiro mais marinheiro de todos tomado pela nostalgia, o homem que foi capaz de aguentar uma viagem de retorno por longos dez anos, duplicando assim a duração da sua ausência: Ulisses.

Ulisses, no canto v da Odisseia, vive na ilha de Ogígia com uma ninfa maravilhosa que perdeu a cabeça por ele, Calipso. Come e bebe como um rei, como de fato era — mas não ali: na sua árida e rochosa Ítaca. Ogígia é uma ilha encantada, as servas que o servem e o reverenciam cobrem-no de iguarias, alimentam-no com néctar e ambrosia, além de queijo de cabra e parcas folhas de videira; as noites ele passa agarrado a uma criatura bela

---

7. Dante, *Purgatório*, trad. Vasco Graça Moura. São Paulo: Landmark, 2005, VIII, vv. 1-6. [N.T.]

como o sol, que faz de tudo por seu prazer. E, no entanto, ele se põe sentado sobre as rochas, à beira do mar, chorando e consumindo a suavidade dos dias no pensamento obsessivo do retorno:

[...] E já nem a ninfa lhe agradava.
Por obrigação ele dormia de noite ao lado dela
nas côncavas grutas: era ela, e não ele, quem assim o queria.
Mas de dia ficava sentado nas rochas e nas dunas,
torturando o coração com lágrimas, tristezas e lamentos.
E com os olhos cheios de lágrimas fitava o mar nunca cultivado.[8]

E a ninfa Calipso o encontra aos prantos quando vai procurá-lo depois de um conturbado diálogo com Hermes, que descera para lhe comunicar o veredito de um acalorado concílio olímpico, ordenando que ela se apressasse a construir uma nau e mandar Ulisses de volta para casa sem tantas delongas. Como muitos deuses e semideuses gregos, Calipso se melindra com facilidade, e está com o coração compreensivelmente dilacerado por causa dessa ordem superior. Mas, na verdade, nesse caso ela tem seus bons motivos para se ofender com o mortal ingrato que tem o privilégio de compartilhar uma perturbadora intimidade com a sua divina pessoa, e apesar disso só sabe se lamentar e, enlouquecendo por não dispor de uma nau, pensa e repensa na mulher distante, mortal e imperfeita. Que, sim, depois de tanto tempo terá decerto envelhecido, como Ulisses, que, talvez para sossegar Calipso, não deixa de observar:

Deusa sublime, não te encolerizes contra mim. Eu próprio
sei bem que, comparada contigo, a sensata Penélope

---

8. Homero, *Odisseia*, trad. e prefácio Frederico Lourenço. São Paulo: Penguin Classics; Companhia das Letras, 2011, vv. 153-159, p. 200. [N.T.]

é inferior em beleza e estatura quando se olha para ela.
Ela é uma mulher mortal; tu és divina e nunca envelheces.[9]

Mas o que Calipso não entende — e que talvez não possa entender em razão de sua natureza divina, *não obstante* a qual Ulisses não a amasse, preferindo a ela uma mulher que envelhece, uma mortal — é que apesar de tudo, apesar de o caminho de volta se anunciar acidentado e repleto de perigos, de sacrifícios e de sofrimentos, apesar de, ao lado da ninfa, Penélope parecer uma mulherzinha com buço e sem graça, o desejo doloroso do retorno à casa é precisamente o obstáculo que abre um abismo entre os dois: é o sinal da humanidade de Ulisses, que não pode ser removida nem mesmo por mesas fartas de néctar e ambrosia, nem pela silhueta silfídica da ninfa. Por esse desejo, Ulisses está disposto a sacrificar tudo — e é uma disposição sincera, como a demonstraríamos também nós: dispostos a sacrificar qualquer coisa apenas por aquilo que nos torna de fato nós mesmos, por aquilo que sabemos no íntimo não ser negociável, porque disso depende a nossa inteireza.

Mas mesmo assim quero e desejo todos os dias
Voltar para casa e ver finalmente o dia do meu regresso.
E se algum deus me ferir no mar cor de vinho, aguentarei:
Tenho no peito um coração que aguenta a dor.

Já anteriormente muito sofri e muito aguentei
No mar e na guerra: que mais esta dor se junte às outras.[10]

É na recusa de Ulisses em compartilhar com a deusa um fiapo de imortalidade que a *Odisseia* revela o aspecto

---

9. Idem, vv. 215-218, p. 202. [N.T.]
10. Idem, vv. 219-224, p. 202. [N.T.]

mais profundo e talvez mais verdadeiro da nostalgia: isto é, que justo nessa emoção — que no exato momento em que recebia seu nome definitivo era estigmatizada como doença (e de fato se manifesta como uma doença, causando sintomas em relação aos quais, até que se encontre um tratamento adequado, somos obrigados a permanecer passivos) — se encontra muito da marca da nossa condição humana.

A nostalgia se manifesta de um jeito e num tempo particular em cada um, como um resfriado que nos apanha de surpresa quando menos esperamos, e só depois de ter começado a espirrar olhamos para trás e vemos por que e como ele nos pegou; e podemos nos espantar que nenhum outro, exposto à mesma corrente de ar, tenha se resfriado um pouco. Para a divina Calipso é incompreensível, até ofensivo, o pensamento de que Ulisses sinta falta de uma mulher que, comparada a ela, não tem atrativos; mas também fora do âmbito das relações com semideuses, também entre seres humanos, embora sejamos todos suscetíveis à nostalgia, é quase impossível que nossas nostalgias mais sinceras sejam compartilhadas e compartilháveis com outra pessoa — é quase impossível que não ressoem, dentro de cada um, com uma reverberação diferente.

Claro, existem as nostalgias «geracionais» daquilo que estava na moda quando éramos crianças, certas canções que ouvíamos no rádio, certos programas de tevê que hoje, porque distantes, porque associados a uma fase da vida em que éramos pequenos e protegidos, parecem-nos sublimes quando provavelmente não eram nem um pouco: cada geração tem as suas. Para quem foi criança no final do século XX, essas nostalgias misturam consumismo desenfreado, desenhos animados japoneses e incessantes avanços tecnológicos, e envolvem numa aura puríssima e inocente, por exemplo, o Motorola com aba ou o Nokia dos quais aos quatorze anos, com as ligações e mensagens a custos proibitivos, nos servíamos para receber uma ligação do garoto de quem gostávamos.

Entretanto, mesmo em relação a certas nostalgias geracionais que — irmãs saturninas do progresso — têm muitas vezes uma evidente raiz comercial, tanto é verdade que são estimuladas até por estratégias publicitárias,[11] fica claro que em cada um de nós esses estímulos, ainda que plastificados, padronizados e capciosos, fazem ressoar cordas diferentes. Porque a nostalgia fala à nossa parte mais misteriosa e indefinível, aquela mais próxima do coração de nossa identidade — que não tem palavras, porque no limiar do segredo da infância, de um tempo em que os pensamentos eram feitos de vagas sensações, de medos, prazeres, inseguranças.

Para os jovens suíços aos quais Hofer inventou a palavra, e a doença, da nostalgia, o gatilho daquela reação tão forte que parecia doentia era mais ou menos o equivalente às nossas aberturas dos desenhos animados: a música, simples, porém cheia de melancolia, do *Ranz des vaches*, o canto vespertino dos chifres dos boiadeiros. Um chamado para as novilhas de engorda que ao pôr do sol, depois de muitas horas a pastar a relva das belas montanhas, eram reconvocadas ao estábulo, talvez pelos próprios pais daqueles futuros soldados, que então, meninos, passavam a infância entre os vales que logo teriam de deixar para se encher de medo e ousadia a serviço de um rei estrangeiro, entre cavalos, alabardas e fedor

---

11. E não é de hoje: lembremos o estilo irresistível dos anos 1950 redescoberto nos anos 1980, na moda e no cinema, do qual restam traços e evidências como *Grease*, *De volta para o futuro*, *Happy Days*.

de pólvora. O que haveria a lamentar, no canto dos boiadeiros que chamam os rebanhos, nas pobres tardes de verão das montanhas suíças, numa vida de esforço e abnegação que de fato impele os rapazes a partir, a virar soldados lá longe? Nada, além da infância; nada, além do fato de que eles, os soldados, quando ouviam ressoar o *Ranz des vaches*, não eram os boiadeiros que o entoavam, cansados e preocupados em perder algumas vacas malhadas penhasco abaixo, ansiosos pela chuva ou pelo sol forte, preocupados por não ter como alimentar a família; eles, naquele instante, eram os meninos para quem a noite que caía anunciava o momento do repouso, o sono da infância, que às vezes é cheio de pesadelos, mas nos parece plácido, inocente e perfeito, olhando-o quando os medos tornaram-se reais, quando a vida adulta nos obriga a extenuantes batalhas a serviço de algum comandante sem brilho ou da nossa ânsia de viver. Cada um daqueles soldados em quem Hofer diagnosticou o mal da nostalgia devia sentir falta de alguma coisa profundamente sua, e profundamente secreta, impossível de ser dita em palavras, porque se dita teria derretido como neve ao sol. Não podemos ser objetivos acerca da nostalgia: arriscaríamos demoli-la, não deixar que nada dela sobrevivesse, assim que tentássemos olhar o que nos falta por aquilo que é, e o descobríssemos banal, como uma mulher que envelhece em Ítaca, como certos cantos rudimentares com chifres nos Alpes. É aquilo que projetamos sobre o passado, não o passado em si, que permite a ilusão de ótica que chamamos nostalgia.

O primeiro a perceber isso com clareza foi, curiosamente, o mesmo homem que na edição de 1767 de seu *Dictionnaire de Musique* relata o boato segundo o qual, para evitar contaminações sediciosas de *nostalgia*, seriam impostas penas muito severas a quem entoasse o canto dos boiadeiros ao alcance dos ouvidos dos soldados suíços em serviço. Isto é, Jean-Jacques Rousseau, a quem, além disso, devemos grande parte da ideia de infância. No primeiro livro das *Confissões*, Rousseau fala de sua infância, e de uma tia, Suzon, que «sabia uma quantidade prodigiosa de árias e canções, que cantava com um fiozinho de voz muito suave». E continua: «Quem diria que eu, velho caduco, consumido de preocupações e afazeres, me surpreendo algumas vezes a chorar qual uma criança, cantarolando essas pequenas árias com uma voz já trêmula e cansada?».[12]

Mas Rousseau resvala o verdadeiro segredo da nostalgia quando, rememorando as árias cantadas pela tia Suzon, relembra uma em particular, cuja melodia e primeiros versos recorda bem, enquanto as palavras da segunda parte, por mais que tente, não consegue de jeito nenhum trazê-las de volta à memória. Mal, mal consegue reconstituir sua rima, que transcreve assim no texto, toda truncada:

Tircis, je n'ose
Ecouter ton chalumeau
Sous l'ormeau ;
Car on en cause
Déjà dans notre hameau
....
.... un berger
...... s'engager
..... sans danger
Et toujours l'épine est sous la rose.[13]

---

12. J.-J. Rousseau, *As confissões de Jean-Jacques Rousseau,* trad. Wilson Lousada. São Paulo: José Olympio, s/d, p. 17. [N.T.]
13. Em francês no original. Na tradução de W. Lousada (ibid.): «Tircis, não ouso/ Escutar tua flauta/ Sob o pequeno olmo;/ Pois já falam/ Em nossa aldeia/................/ .... um pastor/ .... a prender-se/ .... sem perigo;/ E não há rosa sem espinho.» [N.T.]

34

O que é isso, pergunta-se o «velho caduco» que um dia foi criança, uma criança no colo de uma moça que cantava a canção inteira; o que é isso que torna irresistível essa ária meio destroçada? O que ela tem de tão especial? Nada, objetivamente. Mesmo assim, o velho Rousseau que conta sua vida não consegue nem pensar na canção sem chorar. Por quê? Porque ela tocou o ponto exato em que está a nostalgia, onde as palavras se fazem ausentes e recuperá-las é impossível, ou melhor ainda: recuperá-las estragaria tudo. Ele sabe perfeitamente, como nós também sabemos quando recorremos ao Google em busca da letra de uma canção da infância, que seria fácil reconstituir os trechos ausentes: bastaria mandar alguém a Paris procurar a partitura original numa loja especializada. Sabe que não seria preciso muito para recompor por inteiro a canção; mas sabe também que se ele a completasse ela estaria arruinada a seus olhos, porque não seria mais completamente sua, como é enquanto permanece imperfeita, ligada por um fio sutilíssimo à voz que soa em sua mente: «tenho quase certeza de que o prazer que encontro em relembrar tal canção diminuirá em parte se eu tiver a prova de que outras pessoas, além da minha pobre tia Suzon, a cantaram».

Mas se a nostalgia nasce como uma doença, então poderíamos nos perguntar se não existiria uma cura. Provavelmente não; e provavelmente, se existisse, perderíamos boa parte da poesia da vida, além de muitos poemas de poetas que, na impossibilidade de aliviar a nostalgia, fizeram dela um instrumento para construir mitologias inteiras. Como Giovanni Pascoli, que reverbera no poema *Pátria* a condenação de permanecer para sempre estrangeiro ao seu passado no latido de um cão que não o reconhece, dentro do jardim da casa onde ele não mora mais; como Guido Gozzano, que fala a uma *cocotte* de ares proustianos que conheceu, menino, durante as férias, e só pode fazer isso porque já se dissolveu no tempo aquele menino cuja mãe desconfiava dos cochichos secretos com a «senhorita má». A única cura possível para a nostalgia na verdade não a cura, mas se aninha no sofrimento sutil que destila, e que nos conta tanto de nós, do que poderíamos ser e não somos mais, daquilo que fomos quando não conseguíamos nos enxergar nem compreender.

Porque a dor do retorno não nasce do tormento de não poder voltar, mas da consciência da verdade que com tanta obstinação buscamos negar a nós mesmos — que, no fim das contas, não gostaríamos de voltar. Dentro de nós, secretamente, sabemos que o passado é uma terra estrangeira: lá são válidas outras leis; o tempo recuperado, se é que o recuperamos, não se parecerá com o tempo que passou. Será um novo tempo, como novos somos nós quando conseguimos, enfim, entender que viver significa se renovar em continuação. E significa ter de lidar com o indócil, perene limite da experiência humana: o tempo, a concretização de uma miríade de possibilidades destinadas a se consumarem em potência. Os inúmeros inícios imaginados, os infinitos desenvolvimentos potenciais e as emoções ambivalentes que desencadeiam em nós — nostalgia, lamento, anseio — são o preço a pagar por poder dizer, talvez, num dia que chegará ou não: aí está, confesso, vivi; dissipei um sem-fim de meus possíveis para que o possível, uma vez em um milhão, fosse verdadeiro.

Arrependimento e remorso, ou seja: confesso que vivi

Venha! Será como se a mim,
braços dados,
trouxesses meu eu de outrora.
O menino falará com a senhora.
Renasceremos do tempo passado.
Venha! Será como se a ti,
braços dados,
eu te trouxesse, ainda jovem agora.
— Guido Gozzano

Sofro de um leve distúrbio cognitivo chamado amusia, que, em linhas gerais, é uma condição que atrapalha minha fruição da música, um pouco como a dislexia dificulta a leitura e a escrita dos disléxicos. Não é que eu não ouça música, eu a ouço muito bem, apenas tenho dificuldade de me lembrar dela, reconhecê-la e decifrá-la, a menos que me concentre com todas as minhas forças. Para que a música me diga algo, para que me emocione, devo fazer um esforço maior que as outras pessoas; digo a mim mesma que talvez daí tenha nascido minha profunda atração pelas palavras. Não é um drama, vive-se do mesmo jeito; ao que parece, Freud tinha amusia, e com certeza Che Guevara também, tanto que uma vez constrangeu todo mundo dançando um tango segundo o compasso da milonga — ou terá sido o contrário? Não sei, mas que diferença faz para mim? De qualquer modo, eu não iria discernir um estilo do outro. Mas se me perguntassem qual desejo eu gostaria de satisfazer por um dia, eu responderia: gostaria de entender a música, senti-la. Poder dançar no compasso, cantar afinado, por um dia. Escutar uma melodia e conseguir gravá-la na memória. Lamento que, em vez disso, é bem provável que eu nunca venha a saber de verdade o que é a música.

Quando eu tinha dez anos, talvez nove, me deram de presente um livro do poeta Ungaretti. Naquela época eu gostava de decorar poemas — seria um modo de compensar minha amusia e de, portanto, não ser capaz de cantar, a não ser com grande esforço? Não sei; só sei que decorei um poema daquele livro, de que ainda me lembro, e não era *M'illumino d'immenso*,[14] ou seja, aquele que todos os adultos, ao me verem com o livrinho na mão, diziam saber de cor também, se achando espirituosos e, de fato, eram quase espirituosos. Enfim, o poema que gravei começa assim: «*Chamava-se/ Moammed Sceab/ Descendente/ de emires de nômades/ suicida/ porque não tinha mais/ pátria...*».[15]

Era um poema sobre a juventude parisiense de Ungaretti, ou melhor, sobre o colega de quarto (que era um amigo de infância: os dois haviam se conhecido ainda meninos em Alexandria, no Egito) com quem vivera numa pensão na rue des Carmes, «uma apagada viela em declive» que, muitos anos depois de ter aprendido aqueles versos, eu reconheceria no Quartier Latin, entre lojas de flores

---

14.   Ref. ao primeiro verso do poema *Mattina* [Manhã], de G. Ungaretti: «Ilumino-me/de imenso». Ou, na tradução de Haroldo de Campos: «Deslumbro-me/ de imenso», conservando a tonicidade na segunda sílaba. [N.T.]

15.   Ref. ao poema «In memoria», de G. Ungaretti: *Si chiamava/ Moammed Sceab /Discendente /di emiri di nomadi/ suicida /perché non aveva più /patria* [...]. In *Il porto sepolto*. Venezia: Marsilio, 2001. [N.T.]

e de discos, livrarias, cinemas e *brasseries*, e naturalmente, *coiffeurs*, não muito longe da estátua de Montaigne, a qual dizem trazer sorte aos que esfregam a mão na ponta do sapato dele, que, de fato, brilha, mais clara que o bronze da meia e da perninha magricela. Sempre que eu passava por aquela rua, que hoje de apagada tem bem pouco, relembrava o verso sobre a viela em declive; e pensava em Sceab, que «foi Marcel/ mas não era francês». Aquele era um poema sobre a solidão, e eu sabia disso já aos nove anos; para fixá-lo na memória, associava uma imagem a cada verso — tinha associado o adjetivo «apagada» à penumbra da viela, até descobrir, quinze anos depois, que não havia penumbra nenhuma na rue des Carmes, pelo contrário, nela resplandecia aquela bela luz de Paris, leitosa, clara, opalescente, que ilude e faz pensar que se está perto do oceano. Mas não é só um poema sobre a solidão do apátrida suicida; tem algo mais. Tem algo que fazia os adultos, depois da tirada simpática sobre o *m'illumino di imenso*, dizerem que talvez não fossem poemas apropriados a uma criança. Eu me espantava, estava convencida de saber muitas coisas, como se crê com frequência quando se é pequeno. É o adulto que se dá conta de não saber absolutamente nada — pelo menos é o que está acontecendo comigo. De todo modo, hoje acho que o que os fazia dizer que não era uma poesia apropriada a crianças da minha idade não eram a solidão e o desespero do pobre Moammed Sceab. Mas uma coisa que só agora entendo, relendo-o: é um poema sobre o arrependimento, sobre o tempo perdido, as ocasiões dissipadas, como na minha cabeça se dissipa, a cada mês que passa, a lembrança da vida que eu achava estar começando na época em que descobria a rue des Carmes, e que depois tomou outra direção.

Nenhuma criança sabe o que é o arrependimento, a não ser daquele modo como as crianças se convencem de que sabem das coisas; mas o arrependimento é uma emoção que não se encaixa na primeira juventude. Na infância podemos imaginá-lo, mas o imaginamos pela via poética, por faíscas de intuição. Para conhecê-lo é preciso ter vivido o bastante para saber o que significa, e o quanto pesa, e o quão amarga é uma frase de apenas três palavras: *é tarde demais*.

Tarde demais para salvar Marcel, tarde demais para voltar, mais uma vez, à viela em declive, estalar os dedos e por encanto reencontrar sua graça apagada que, claro, na lembrança enternece o olhar de Giuseppe Ungaretti já poeta (e soldado), não mais um estudante esfarrapado que mora numa pensão. Ungaretti maduro, que já sabe das coisas.

Ficaríamos tentados a pensar que arrependimento e nostalgia se parecem, mas, pelo contrário, acho que são bem diferentes. A nostalgia diz respeito aos lugares (lugares aos quais o tempo impede o acesso). Enquanto o arrependimento, e o remorso — sempre nos esforçamos para distinguir um do outro, afirmando, por exemplo, que não queremos ter arrependimentos, mas estamos dispostos a enfrentar o remorso —, dizem respeito ao tempo: oportunidades perdidas (arrependimento), erro mais ou menos voluntário (remorso). Mas, na verdade, se os olharmos bem e acionarmos uma mola secreta, escancaram-se as engrenagens e vemos que, mais do que ao tempo, ambos se referem, remorso e arrependimento, às escolhas. Às escolhas que não tivemos coragem de fazer e das quais nos arrependemos; àquelas que, ao contrário, peitamos — e, no entanto, estavam erradas. Sempre me pareceu estranha a ideia de que o remorso seja mais tolerável do que o arrependimento; penso que tal noção se deva a seu caráter pragmático, performativo, à ideia de poder reparar. Enquanto o arrependimento nos obriga a nos render ao pensamento de que nada retorna, e de que não nos banharemos duas vezes no mesmo rio: a mesma verdade terrível que a nostalgia recobre desde o início com um pozinho mágico para suavizá-la a nossos olhos. Ao contrário, arrependimento e remorso estão unidos pelo sentido de que o tempo corre inteiro numa mesma direção: à consciência de ter vivido. E viver, mesmo que não queiramos, é uma questão de responsabilidade e escolhas.

Por isso, à diferença da nostalgia, que pode nos acometer já no início da infância ou logo depois, o arrependimento espera que estejamos grandinhos. Porque é preciso um coração, se não partido, ao menos um pouco rachado, para compreender o peso da liberdade. Porque a juventude não conhece a culpa, ou melhor, não a conhece a não ser num sentido ideal, ou imaginado, ou exagerado; não no real estreitamento das oportunidades, no consumar-se das possibilidades. Já viu o que acontece com um buquê de tulipas num vaso? Primeiro as flores desabrocham e parecem novas em folha: como se nada as pudesse ameaçar, como se aquele aspecto aveludado fosse durar para sempre. Depois, mudam num piscar de olhos: abrem-se, perdem as pétalas, parecem se esticar para fora do caule. São belas do mesmo jeito, porém não por muito tempo, pois as pétalas cairão. Vê-se que não podem durar nessas condições. A vida, quando totalmente nova, é imune à sensação do irreparável, ou pelo menos o ignora facilmente; como num belíssimo poema de Sandro Penna: «Talvez a juventude seja somente este/ perene amar os sentidos e não se culpar».[16]

---

16. Em italiano: «*Forse la giovinezza è solo questo/ perenne amare i sensi e non pentirsi*». S. Penna, *Poesie, prose e diari*. Milão: Mondadori, 2017. [N.T.]

Com efeito, sentir-se culpado quando se é criança é uma proeza, pelo menos para mim foi. Aos oito anos, na minha primeira confissão, deixei o padre chocado: soluçava, ajoelhada no confessionário, «não consigo me sentir culpada». Tinha vasculhado minha vida em busca de pecados, estava convencida de ter descoberto muitos — não saberia mais dizer quais, a não ser: palavrões nos quais me obrigava a pensar, não a dizer, com o intuito de achar material de confissão. O padre me dizia, está bem, reza uma Ave-Maria, até duas se quiser, pode ir; mas eu, ainda chorando por não conseguir me sentir culpada, não queria saber de sair do confessionário.

Hoje rio, mas também lembro, e muito bem, o quão mortalmente sério o assunto me parecia à época. Inaceitável a ausência do remorso; descabido o sorriso do padre que eu adivinhava por trás da recomendação da Ave-Maria. Não sabia, aos oito anos, não tendo lido Melanie Klein, que na infância é mais forte, mais absoluto, o desejo — a necessidade — de ser perdoado: pois nas fantasias infantis nossos pais são os mais vulneráveis aos nossos erros, é a eles que pedimos desesperadamente perdão, tentando nos redimir. A intensidade do remorso na infância, quando existe como fantasia, é difícil de recuperar, a não ser na lembrança, uma vez que se habitua ao mundo.

Aos oito anos eu chorava no confessionário sem ter aprontado nada de grave; agora, que tenho confissões aos montes, calejei o senso de culpa. Ou será que não? Talvez hoje sinta mais vergonha do que remorso: o remorso é no fundo uma emoção otimista, um esforço esperançoso de poder corrigir os erros. Dizer a si mesmo: agora vou consertar, resolver tudo, é bem diferente da vergonha de quando nos damos conta de nossos defeitos. É uma ideia que tem a ver com a intenção — talvez um pouco presunçosa — de emendá-los, os tais defeitos. O remorso sabe se aquietar, ainda que somente na imaginação; ademais, como emerge da análise à qual o filósofo J. L. Austin submeteu o ato linguístico do «desculpar-se», seu aspecto performativo não tem pouco peso: quando pedimos desculpa, expressamos nosso pesar por alguma coisa... justo no momento em que intercedemos para modificá-la.

Passo muito tempo, tempo demais, me desculpando. Eu me desculpo se estou atrasada, mas continuo a procrastinar e, portanto, me atraso de novo. Se alguém pisa no meu pé, me desculpo. Às vezes me desculpo até quando me zango. Mas é remorso o que me leva a me desculpar? Acho que não, diria que não. É como se eu quisesse criar um perímetro preciso em torno da minha pessoa, protegê-la do mundo e ao mesmo tempo tornar inadvertida minha passagem pelo mundo, quase que reabsorvê-la, dentro das desculpas. É um comportamento muito mais neurótico do que seria o puro e simples remorso, que meu desculpar imita, supera, evita.

Por outro lado, a história medieval dessa forma particular de culpa me revela que não há nada de estranho se me sinto dividida entre um ritual passional — lágrimas no meu confessar, desculpas compulsivas que escondem, encobrem e ao mesmo tempo revelam um desejo de expiação não muito distante daquele que outrora devia impelir os que se sentiam culpados a se humilhar, a portar o cilício que dilacera a carne, a se fustigar como se nada fosse — e o projeto racional de redimir-se. Entre a devoção performativa, expiatória, que às vezes ponho em prática para me defender da evidência de que existo, e uma atitude propositiva totalmente racional e controlada, uma proposta real de reparação semelhante àquela que Alberto Magno e Tomás de Aquino chamavam *contritio* e imaginavam como uma virtude totalmente espiritual, sem a necessidade de chibatadas, cilícios ou humilhações.

À época da primeira confissão eu não buscava uma forma exterior para dar a meu remorso, mas uma razão para senti-lo. Não a encontrava; e agora me pergunto se minha compulsão em me desculpar não é de certo modo o reflexo daquilo que experimentava sem muita clareza naqueles anos: porque se não conseguia encontrar um ponto de apoio, um gancho onde pendurar o senso de culpa informe que já rondava dentro de mim, então meu próprio estar no mundo devia ser a origem daquela culpa. Sempre tive a sensação de que me faltava alguma coisa, que meu viver era abusivo: olhava os outros, me parecia que deles emanava um sopro, um instinto de vida mais forte que o meu. Eu me sentia fora do tempo, sempre, quando todos batiam palmas juntos no jardim de infância, fora do tempo cantando no coro e, na verdade, eu nem cantava; fora do tempo quando jogava queimada e a bola passava voando sobre a minha cabeça.

Demorei anos para compreender que o meu sentir fora do tempo não é algo de que deva me envergonhar, tampouco uma qualidade que me torna especial; nasce simplesmente do fato de que todo o mundo que vejo, toda a vida que vivo, vivo dentro de mim mesma, explorando meus limites, os becos sem saída, as dificuldades. E não estou só, ninguém está só nesses sentimentos de exclusão, que, aliás, nos unem muito mais do que pensamos; mas é difícil saber, pois por pudor jamais falamos disso, e fazemos de conta que não é nada, fazemos de conta que estamos muito bem, que estamos prontos para bater palmas junto com os outros, para cantar quando os outros cantam, e paciência se na realidade apenas movemos os lábios e a voz não sai. Peço desculpa, hoje, para remediar meu sentir diferente, ou pelo desejo de ser como todos os outros? Não sei. Decerto, todas essas desculpas subentendem uma dor, em algum lugar, que esqueci, que enterrei de tanto pedir desculpa pelos motivos errados. Enquanto continuar me desculpando em vez de cuidar de meus erros, em vez de corrigi-los um a um, com a certeza de que não se pode reparar tudo, mas é possível tentar, vou apenas me cansar, dando voltas ao redor de meus enganos. Enquanto não acreditar, enquanto não entender de verdade, continuarei a ser a menina fora do tempo que chora no confessionário repetindo que não sabe pelo que deve se culpar.

Como ocorreu por ocasião do poema decorado de Ungaretti, naquela época também riam de mim e eu não entendia; levando-me muito a sério, ficava ofendida. Mas o que poderia saber, aos oito, nove anos, do significado de *é tarde demais*? Aos nove anos não é tarde para quase nada, ou, se é, isso ainda não está claro. Em 1916 Ungaretti tinha 28 anos e estava no *front*, longe de Paris, da pensão do número 5 da rue des Carmes; para ele era tarde demais, já não podia salvar Moammed Sceab. Daquela distância, de Locvizza, o poeta escreve sobre Sceab. Mas aos nove anos você não sabe o que significa «tarde»: aquilo que sabe é, no máximo, que não encontra motivo para se sentir em culpa. Pensando bem, no entanto, o arrependimento prematuro, o remorso impossível, são tentações que voltam, cantos de sereia que ouvi tantas vezes. Por quê? Provavelmente por causa do meu medo de viver. Tantas vezes, para não ter que tomar uma decisão, me abandonei, sem escolher, a coisas que chamo por outro nome: preguiça, negligência, esquecimento, procrastinação. Inclusive, às vezes, um belo lapso freudiano — um ato falho, para sermos exatos: minha carreira acadêmica foi interrompida no dia em que li errado a data final de um concurso; eu a li como se o prazo para apresentar os documentos fosse um mês depois do que era de fato. E acreditei nisso e não enviei nenhum documento. Claro que eu poderia ter esperado alguns meses e tentar o concurso de novo; mas o que aconteceu foi que depois me perguntei o porquê daquele descuido gritante. Tentei procurar o motivo e percebi que, simplesmente, tinha feito o que queria: era tão difícil confessar a mim mesma que eu não queria fazer aquele concurso, que meu desejo deve ter tentado o caminho do inconsciente, do ato falho. Se tivesse tido mais coragem, teria assumido a responsabilidade de uma escolha consciente, sem tergiversar, acompanhada de seu arrependimento: nada de carreira acadêmica, perco essa oportunidade, quem sabe como teria sido se ao invés disso...

O caminho que escolhi teve consequências idênticas, idênticos arrependimentos; só que chegaram a mim de surpresa, numa sensação de falimento, de reprovação pela evidente negligência da minha distração. No entanto, aquela decepção ardente comigo mesma me serviu para refletir sobre o quanto viver é também aprender a escolher, e, portanto, a perder. Para cada coisa que fazemos, para cada coisa que pomos em prática, há outras mil a que devemos renunciar.

A relação entre arrependimento e perda, de resto, é evidente desde os primeiros tempos em que o francês antigo começou a empregar a palavra *regrés* para se referir a uma dor, a uma decepção; daí o inglês *regret*, que no século XV entrou no uso comum para indicar o luto de ter perdido uma pessoa querida, ou ainda a própria posição social: à época, duas perdas igualmente irremediáveis. Também em italiano o significado mais antigo de *rimpiangere*, assim como o de *compiangere*, é «chorar um morto» [*piangere un morto*]. A única diferença é que, no carpir, não se chora sozinho, mas em companhia. A mais perfeita representação plástica desse verbo é o impressionante conjunto escultural quatrocentista de Niccolò dell'Arca, que ocupa a primeira capela à direita do altar na igreja de Santa Maria della Vita, em Bolonha. Em torno do corpo, amontoam-se as mulheres consternadas que, no lamento e no carpir, seguem um ritual devocional preciso, sem por isso perder a espontaneidade. Essa *Lamentação sobre o Cristo morto* esfrega na cara de quem a olha a violência da dor decomposta, e é isso que a faz tão verdadeira; nas mulheres, desfiguradas de tanto chorar, é sonora e movimentada, apesar da matéria imóvel da madeira; já no apóstolo João é um torturante desgosto silencioso, que o encerra sobre si mesmo, fecha-o num mutismo ainda mais evidente pelo contraste com a representação ruidosa das Marias.

O lamento, com o passar dos séculos, tornou-se mais parecido com a dor de João: mais mudo, particular, próximo do indizível. Conserva a relação com algo perdido, mas é sempre mais imediato associá-lo a uma perda que nos diz respeito em primeira pessoa, não a outros. Lamentamos muito as oportunidades perdidas, e isso também porque sofremos uma forte pressão, por um lado, para «nos realizarmos», para sermos competitivos (e, portanto, parece-nos imperdoável «perder o bonde», como se diz, ou ficar para trás); por outro lado, uma pressão equivalente nos estimula a consumir, a nos orientar por entre uma oferta vastíssima à qual a publicidade nos ensinou a associar um modo de «desenhar» a nós mesmos e à nossa identidade. Portanto, perder uma oportunidade — no sentido de um negócio —, não comprar na promoção o objeto que nos tornaria, pelo que podemos imaginar, semelhantes à ideia de nós à qual queremos nos conformar, é, por sua vez, fonte de arrependimento.[17] Ouvimos com frequência: «Prefiro um remorso a um arrependimento», dito por quem entende como «arrependimento» uma oportunidade perdida, aquela que não se teve a coragem de aproveitar. Hoje se tem vergonha do arrependimento, talvez mais do que do remorso: nós o vemos como um sintoma de falimento, um resíduo do medo, um ato de covardia. Na realidade, porém, é apenas o sinal de que estamos vivendo.

O remorso é, em certo sentido, a contrapartida ativa do arrependimento: um pouco fora de moda hoje, sobretudo se usamos a ameaça do arrependimento como estímulo — *se não aproveitar esta oportunidade, você vai se arrepender!* Mas no fim estamos falando de coisas muito parecidas. São modos complementares de elaborar o tempo que passa e que não pode controlar cada hipótese; pois até os períodos hipotéticos têm uma maneira particular de se dissolver, deixando um rastro leve, iridescente, visível apenas a partir de determinado ângulo, como baba de lesma. E, naturalmente, pagamos o privilégio do livre-arbítrio ao preço de todas as escolhas que não faremos, à medida que o futuro do presente composto vier a engolir as dúvidas, e quando já for tarde demais para sonhar.

---

17.   E aqui digo objeto, mas me refiro a uma vasta gama de produtos, experiências, serviços e até relações: a filósofa Renata Salecl, em seu livro *La tirania dela scelta* [A tirania da escolha], relaciona a superabundância da oferta do capitalismo tardio à ideia de uma infinita variedade de *liaisons* possíveis, simultaneamente acessíveis desde que se faça uma escolha solitária, meditada, preventiva em certo sentido, garantida, mas ao mesmo tempo exigida pelos aplicativos de namoro.

Hoje compreendo que é preciso ter vivido, e ter perdido também um pouco, para conquistar uma visão retrospectiva da vida. Hoje rio da menina que se ofendia quando lhe diziam que era pequena demais para entender o poema sobre uma pensão miserável no número 5 da rue des Carmes. E, no entanto, me desagrada entender: me sinto uma Wendy já crescida, uma mulher que tem algo a esconder — suas lágrimas. Aliás, Peter Pan é provavelmente a coisa mais bela já escrita sobre o arrependimento; e olha que já foram escritas várias. Os garotos perdidos que vivem na Terra do Nunca são garotos mortos em tenra idade; por isso conservam a infância, por isso jamais a perderão, jamais conhecerão o arrependimento de não serem mais crianças — nem os arrependimentos da idade adulta, todos ligados à sensação do tempo que passa, à sensação do «tarde demais», desconhecida enquanto ainda é tempo. No entanto, o preço injusto que devem pagar por essa imunidade ao arrependimento é alto: não viver, não crescer, não conhecer nada além de uma maravilhosa existência irreal, numa ilha que não existe.

O arrependimento, a oportunidade perdida, é o preço que todos, se crescemos, devemos à vida. Para um encontro que terminou com um beijo, quantos outros perdemos? Por uma coisa verdadeira, um *incipit* bem-sucedido, não escrevemos milhões de outras histórias. Por isso o arrependimento é uma excelente emoção literária, fecunda de maneira quase exagerada; como o ciúme, como a nostalgia; talvez ainda mais do que o amor. Com exceção, é claro, do amor perdido, justamente aquele que se tinge de nostalgia, lamento.

Quando vi esvanecer o último amor que perdi, trabalhava numa loja de moda. Não nos falávamos, eu não queria, por orgulho, demonstrar que sofria, não queria que ele soubesse. Em retrospectiva, sei que um futuro compartilhado teria sido impossível para duas pessoas como nós, parecidas demais em nossos defeitos; penso que no fundo nós dois sabíamos disso, que não fora um amor desperdiçado, mas simplesmente um amor encerrado em certo momento. Todavia, como acontece toda vez que um amor mostra ter se consumido até a raiz, à primeira vista parece inconcebível. A gente se pergunta: como é possível que tenha acontecido a nós, que éramos imbatíveis? Onde acaba o amor, onde vai parar a nuvem densa que nos envolvia, que nos fazia resplandecer pelas ruas; e se caminhávamos de mãos dadas, quem nos via pensava, aí está, aqueles dois se amam? Onde se escondem os átomos daquela nuvem quando o amor evapora? Pensava nessas coisas enquanto vestia e despia manequins. Trabalhava em uma *maison* que confeccionava ternos masculinos, e os manequins eram tão altos quanto o rapaz que eu tinha amado até uns dias antes. Quando tinha certeza de que ninguém me via, eu abraçava a silhueta recoberta de fino linho, e parecia que eu o abraçava, mas o manequim não tinha rosto, apenas uma cabeça lisa, ovalada, uma cabeça não humana, uma cabeça que eu desprendia do tronco com certo prazer inconfessado, para facilitar a entrada dos suéteres.

O que teria acontecido, dali em diante, se as coisas tivessem sido diferentes, se o manequim estivesse vivo, se fosse ele, se eu tivesse lhe dito o que sentia, minhas dúvidas, o medo de tentar de novo? Não sei, nunca saberemos. Provavelmente a vida teria encontrado outros caminhos — atos falhos, negligências, enfado — para nos separar de novo, porque aquele era o destino que nos esperava; um destino humano, não um fato impessoal, uma história que se tece pouco a pouco, e sempre encontra um modo de se realizar apesar das resistências.

É assim que o mundo funciona, digamos, e não é de ontem, e para sempre, podemos crer legitimamente; além disso, muito antes que o francês antigo forjasse o termo *regrès*, Safo narrava com insustentável precisão a vertigem do lamento por amor: o que ela não teria dado só para ver mais uma vez sua Anactória, já distante «seu amável passo,/ a brancura reluzente do rosto»![18]

E quem quer que tenha amado e perdido o amor, ainda que o tenha recuperado em outra veste, compreende Safo, comove-se, não pode recriminá-la por querer abdicar de tudo por um olhar, apenas um. Mesmo quem está curado do mal de amor, quem tem uma dor já cicatrizada. Porque certamente virá o depois e a retrospectiva; virão outros amores, e diremos a nós mesmos, um dia: melhor assim. Mas, para cada vez que tivermos amado e virmos esvanecer a paixão, dentro de nós ainda soará um pouco a voz de Safo que, por um olhar para a Anactória perdida, oferece todas as coisas mais belas, todas as coisas que no mundo parecem as melhores, as mais importantes, até as carruagens dos lídios e as «batalhas dos homens em armas». Soarão ainda as lágrimas do final de *Nosso amor de ontem*,[19] quando aqueles dois que se amaram tanto, mesmo sendo incompatíveis, reencontram-se como dois estranhos, e de repente toma forma, mas só por um instante, o fantasma daquilo que poderia ter sido e que não foi e não será, porque agora estamos no tempo do futuro presente composto, o tempo no qual nenhum futuro simples é mais possível. E

---

18.   *I lirici greci. Saffo, Alceo, Anacreonte, Ibico*, trad. G. Guidorizzi. Milão: Mondadori, 1993.

19.   *The Way We Were* (1973), filme americano dirigido por Sydney Pollack, protagonizado por Barbara Streisand e Robert Redford. [N.T.]

nos damos conta de que a gramática narra a vida, e a explica; e que para cada modo indicativo morrem um milhão de condicionais, nos quais algumas vezes podemos nos aninhar, com a imaginação, tornando-os melhores do que a vida que nos espera, que temos. Na imaginação é mais fácil, não tem atrito, e podemos amar as rosas não colhidas, *as coisas que podiam ser e que não foram*.

Mas sabemos bem que é um truque da perspectiva. Aprender a viver com o arrependimento, e o remorso, não é simples; não é simples aceitar que o pacto silencioso que fazemos com a vida requer, para poder viver de verdade, que nos dissipemos um pouco em cada ocasião, que dispersemos uma hipótese de nós a cada escolha. Como para cada emoção profunda, o desafio mais urgente e árduo é evitar que o arrependimento se transforme em ressentimento; e para evitá-lo o único modo é transpor a consciência, ainda que dolorosa, daquilo que se sente; não removê-la, não escondê-la como poeira debaixo do tapete, mas olhá-la nos olhos, mesmo que isso nos faça chorar um pouco, ou até muito. Há poesia nessa sina de nos dissolver, pouco a pouco, como único meio de nos determinarmos, de sermos responsáveis por nossas ações, mesmo que seja à custa de nos enganar e de descobrir o remorso. Talvez, se o enfrentarmos, a própria tentativa de redenção que o remorso exigirá de nós saberá nos levar em direção a novos *possíveis*, nos impelirá a nos inventarmos de novo. Sobretudo se pensarmos que o arrependimento e o remorso, emoções pungentes, porque solitárias, e tão particulares, tão nossas, tão próximas do limite do incomunicável, existem, vivem, igualmente secretas, igualmente obscuras e misteriosas, em todos os seres humanos: naquele que está próximo a nós, naquele que está longe.

Mais uma vez: estamos sós, e ao mesmo tempo não estamos, se conseguirmos adivinhar também nos outros, sem quebrar o mistério, intuindo de longe, a nossa própria imperdoável, mas sempre perdoada, imperfeição. É para isso, afinal, que serve a literatura, que não existiria se não existissem emoções que há milênios tentamos decifrar; e também a filosofia, a história, enfim, o humanismo. Ou não? Serve para se descobrir humano, a mais útil dentre as coisas inúteis, que ajuda a sobreviver sem transformar a sobrevivência em uma estéril reação à dor de viver que todos conhecemos.

E aquele poema de Penna sobre a juventude? Terminava assim:

Talvez seja melhor sofrer do que gozar.
Ou talvez seja tudo igual. Até a neve
É mais bela que o sol. Mas o amor...[20]

---

20.   «*Forse à meglio soffrie che godere.l O forse tutto è uguale. Anche la nevel è più bella del sole. Ma l'amore…*» S. Penna, *Poesie, prose e diari.* op. cit.

A ansiedade é um pedido

O homem não sabe como se medir;
seus espelhos distorcem;
Suas arcádias mais verdes pululam
de espectros;
Suas utopias buscam a eterna
juventude
Ou a autodestruição.
— W. H. Auden

Fui reprovada cinco vezes no exame de motorista. Cinco, nem mais nem menos; na sexta tentativa tirei a carteira, mas infelizmente não dirijo. As repetidas reprovações deixaram marcas; não confio em mim, e de qualquer modo ninguém em meu círculo de amigos e parentes ousaria me emprestar o carro para eu praticar. Não os culpo. Na época da autoescola, meu instrutor, um grandalhão de Pisa de índole coriácea, que devia ter passado dos sessenta já havia algum tempo e não parecia se deixar derrotar facilmente, depois da enésima tentativa de me deixar apta para o exame deu a entender, de maneira um tanto inequívoca, que não queria mais cruzar comigo — e o entendo, fui sua cruz por muitos meses, ele até aventou procurar um psicólogo para se recuperar das decepções que eu lhe causava. Mas o verdadeiro motivo dessa relação conflituosa com o carro, de todas aquelas reprovações, da paralisia que me domina quando por vezes me passa pela cabeça me postar ao volante de um banal automóvel e meter o pé na embreagem, no acelerador ou no que quer que seja, é uma só: a ansiedade.

Quem pensar que sou uma pessoa mimada, que não dirige porque nunca precisou, não imagina quantos inconvenientes passei devido a essa inaptidão. Quanto trabalho a mais, quantas situações no limite do perigo ou, de todo modo, desagradáveis; quanto esforço, e quanta energia gasta! Só me consola a sustentabilidade ambiental desse, digamos, pequeno defeito. Mas é tudo questão de ansiedade. *Só ansiedade*, como ouvi tantas vezes, desalentada, com o coração saltando pela boca, batendo forte demais e rápido demais; a respiração que não parecia descer nem subir, nem para cima nem para baixo — mesmo assim eu respirava, apesar do nó na garganta. Porque não era um nó verdadeiro, era uma ilusão: era ansiedade.

Cultivo uma longa relação com a ansiedade, iniciada na infância; acho até que lembro o momento em que a descobri, parecia que um alfinete me espetava o peito. Estava sentada no chão do banheiro, a banheira cheia d'água, e fui tomada por um terror sem nome. Tinha me dado conta de ter quase cinco anos e me parecia uma idade inaceitável; logo seria grande e eu não tinha nenhuma intenção de crescer. A partir daquele momento, pesaria sobre a outra metade da minha infância um medo incrédulo, e prematuro, de ter de abandoná-la. Os adultos achavam muito engraçado, riam de mim, o que tornava ainda mais ameaçadora a hipótese de um dia me tornar um deles, uma como eles: incapaz de compreender uma menina que não quer ter cinco anos. Hoje fecho os olhos e a vejo, ela que não era eu, embora eu também seja ela, sentada sobre o piso cinza-claro do banheiro, num fim de tarde de setembro, e seu desespero pelos cinco anos que estava para completar me faz sorrir; na verdade, assim sei que o medo dela se tornou realidade. Mas aquela sensação de espinho no peito, que havia descoberto e mantido em segredo cuidadosamente até que não resisti e me abri com meu pai, que me explicou — era uma pequena dor intercostal —, pois bem, a levo muito a sério até hoje. Às vezes penso que foi ela — minha ansiedade — que me impediu de, em todos os aspectos, ficar parecida com os adultos que então não pareciam capazes de me compreender, mas que na realidade, hoje sei, compreendiam muito bem, só que não se continham e sorriam da menina que mostrava uma inclinação um tanto precoce e teatral pela melancolia. A ansiedade que experimentei pela primeira vez sobre o piso do banheiro cinza-claro, agora eu a conheço tão bem que a considero uma velha amiga; de certo modo, quase gosto dela. Disseram-me que eu deveria subjugá-la, tentar extirpá-la, tratá-la, que deveria me livrar dela. Mas hoje não tenho mais vontade disso. Só quero aprender a viver com ela, reconhecer os sinais de sua linguagem, que, sim, é um tanto brusca, coercitiva; entretanto, desde que comecei, do meu jeito, a ouvi-la, percebi que a ansiedade tinha coisas a me dizer. Coisas que, em algumas circunstâncias, até mesmo me salvaram.

A etimologia não é particularmente reconfortante nesse caso. «Ansiedade» vem de *ânsia*, do latim tardio *anxia*, por sua vez derivado do verbo *angere*, que significa «apertar», «sufocar» (e é também a raiz de *angústia*). Não é preciso muito para intuir a ligação física, palpável, entre ansiedade e ar, entre ansiedade e o ato instintivo, vital, involuntário de respirar, que na crise de ansiedade de repente fica insuperável: pela ilusão de ótica, é claro, mas se trata de uma ilusão perfeitamente convincente, tanto que, por sua vez, alimenta a ansiedade, aumenta-a, dá corda para ela.

Já a palavra grega que traduzimos como «ansiedade» — μέριμνα, *mérimna* — está associada a μερίζω, *merìzo*, que significa «estar dividido em duas partes». Um pouco como no famoso verso de Fausto, *Zwei Seelen wohnen, ach! in meiner Brust*: «Ah! Duas almas habitam meu peito».[21] E como acontece com os heróis trágicos que, desde que o mundo é mundo, lutaram tanto que parecem se dividir, rachar-se.

Uma descrição surpreendentemente precisa dos sintomas da ansiedade, referida como um peso que esmaga, como certos blocos nos pesadelos, aparece no primeiro monólogo de uma das heroínas trágicas que não foram tão abençoadas pela fortuna (por mais que a competição por essa primazia seja bastante acirrada). Electra, «a brilhante», que porta o nome do âmbar, a pedra preciosa em cujo núcleo está aprisionado um inseto fossilizado, é filha de Agamêmnon e Clitemnestra. A filha núbil, a virgem destinada, descendente de uma mãe que tem homens até demais; quanto ao pai, ela o viu sacrificar Efigênia, sua irmã, para conquistar a viagem que o levaria à guerra. Electra, a filha mulher que ficou em casa com as outras irmãs, enquanto o pai combatia a guerra dele, viu a mãe espumar de ódio pelo marido que degolou sua filha como um cabrito; a mesma mãe surpreendida com seu amante Egisto, robusto como um lenhador e, como um lenhador, bruto aos olhos da princesa. E é com uma machadada certeira, sem muitos rodeios, que Egisto e Clitemnestra racham a cabeça de Agamêmnon para vingar Efigênia, quando ele volta da guerra; outro elo da cadeia de infortúnios que aprisiona a linhagem dos átridas. Electra, reclusa na fortaleza de Micenas, planeja vingar a mãe, que

---

21. J. W. Goethe, *Fausto*, org. de F. Fortini. Milão: Mondadori, 2016, v.112.

por sua vez se vingou do marido; a voz do sangue grita dentro dela, grita contra outra voz, e contra outro sangue.

Electra é uma adolescente revoltada, odeia a mãe, mas sabe muito bem que o vínculo entre elas é indissolúvel; arquiteta um plano para vingar o homem que matou sua irmã. Afinal, uma situação nada invejável; seu primeiro discurso (ῥῆσις, *rhèsis*, como chama o léxico teatral), na tragédia que Sófocles batizou com seu nome, é o monólogo de uma *dark lady*, um dos mais sombrios e obscuros que já saíram da boca de uma heroína grega. Porque talvez Electra seja a mais desesperada de todas, reclusa no palácio empoleirado sobre o monte árido, numa «espera ferrenha», como diz, do irmão Orestes, distante — ela, «estéril, virgem, cansada, errante marcha de pranto»; ela, que concretiza seu nome de âmbar num destino envolto por uma «cadeia assombrada de males».

Nós a vemos entrar em cena pálida, exausta pela noite insone:

Ó luz imácula!
Ar, moira especular da Geia-terra!
Quantos trenos ouvistes de mim,
quantos golpes rubros no peito
não presenciastes,
ao tenebroso desanoitecer!
E o leito odioso da morada macabra
sabe de minha insônia pan-noturna,
da profusão de trenos paternais.
Não foi Ares, sanguinário,
quem o abateu num rincão barbárico,
mas minha mãe e Egisto, seu comparsa de cama:
qual lenhadores fendem a tora,
racham-lhe a cabeça com acha mortífera.
Pranto, pai, houve só meu,
Quando de tua morte impiedosa! Vergonha!

Não hei de cessar o treno e o choro magoado
Enquanto me for dado mirar o estelário panfúlgido
e o lume diurno;
rouxinol algoz de crias,
ecoarei ao mundo meu lamento sem trégua,
no pórtico do paço pátrio.
Palácio de Hades e Perséfone,
Hermes subtérreo,
Ara, Ruína venerável,
Erínias, sagradas filhas dos numes,
testemunhas de mortes injustas,
testemunhas de leitos usurpados,
ajudai-me,
— aqui! —
vingai a morte de meu pai,
Reconduzi meu irmão!
O sobrepeso da pena me faz pender,
Solitária; já não o suporto![22]

A excluída Electra, sozinha em uma casa muito cheia e muito vazia, descreve a sintomatologia da ansiedade à perfeição, em termos que não poderiam ser mais modernos. E, como acontece com frequência aos ansiosos, permanece incompreendida: o coro a considera exagerada e, não sem paternalismo, rebate-a dizendo que ela decerto não é a única no mundo a sofrer de angústia. Aliás: o que diriam suas irmãs? E, no entanto, elas vivem serenas, sem criar tanto caso. Até Orestes, longe, está tranquilo:

---

22. Em italiano, a tradução do penúltimo verso está em itálico para ressaltar o termo «*ansia*» [ansiedade]: «prepotente carico d'ansia», «pena», na tradução de Trajano Vieira. Sofocle, *Aiace-Elettra*, a cura di M. P. Pattoni. Milão: Rizzoli, 1997; *Elettra*, vv. 86-120. [Ed. bras.: Sófocles/Eurípides, *Electras(s)*. São Paulo: Ateliê, 2009, pp. 24-25.] [N.T.]

Tens o monopólio da agonia, menina?
Outros mortais conheceram
o que dói mais em ti do que, no paço,
nos demais membros da família,
em Crisóstemis e Ifiánassa,
irmãs homossanguíneas
que ainda vivem,
o felizardo que matura à margem
da própria agrura,
um sangue azul que Micenas, a ínclita,
há de acolher um dia,
reconduzido por um Zeus favorável:
Orestes...[23]

Entretanto, ainda que não possa contar nem com o coro para ser levada a sério, a princesa de Micenas ilustra seus sintomas bem até demais. A ansiedade é um conflito; é insônia, e sufocamento. É a carga sob a qual Electra se sente esmagada; é o ódio do leito no qual não encontramos paz, e a frustração de um peso a ser carregado na solidão; é virar e revirar-se no escuro, enquanto todos dormem; e são lágrimas, palpitações de coração taquicardíaco, e balbucio insensato, doloroso; é ruminar palavrar como litanias que Electra compara ao canto do mais infeliz dos pássaros, Procne, o rouxinol, obrigado a chorar a morte de seu filhote num eterno gorjeio de dor.

O batimento acelerado, a sensação da respiração presa na garganta: a ansiedade incorpora em si os sintomas do medo, porque, no fundo, ela é uma forma de medo, é um modo de ter medo. Só que o medo é uma emoção imediata: ativa-se diante de um perigo, real ou imaginário, mas em todo caso presente. A criança que acorda no meio da

---

23.   Idem, p. 26. [N.T.]

noite, porque tem certeza absoluta de que de seu armário estão surgindo tentáculos de um monstro, conhece aquela presença, ela se dá conta dela: ainda que fossem somente as mangas de um suéter caído no chão, a criança viu as garras, elas estão diante de seus olhos embaçados de sono enquanto ela grita para os pais virem correndo, e eles se levantam no meio da noite para tranquilizá-la.

O perigo desencadeado pela ansiedade, ao contrário, é como se fosse reincorporado naquele que a sente: é um perigo constante, mas invisível, indefinido. É um perigo que habita o ansioso, que vive em sua cabeça e em seu coração, e briga com quem teria o direito de ocupar aqueles compartimentos secretos, os compartimentos da memória, da vida cotidiana. Quando estamos ansiosos, o inquilino abusivo toma para si todo o espaço que pode, cresce desmesuradamente, expulsa os demais. Pela janela aberta não entra o sol, não entra o canto dos passarinhos, tampouco as boas notícias: cabe ali apenas a ansiedade mais descabida; só a ansiedade cresce quando percebemos que ela chegou, às vezes até pela ansiedade que nasce da constatação de não se estar ansioso o bastante. Mas é tudo invisível, tudo oculto, tudo recluso nas profundezas recônditas do pobre sujeito ansioso; não podemos nem apontar o dedo e mostrar as mangas que pendem do suéter, que na penumbra teríamos jurado que eram garras monstruosas. E, assim, quem socorre os ansiosos, quem se precipita como a mãe e o pai da criança assustada, não vê nada, e diz, como o coro diz a Electra: está exagerando, chega, você não é a única aqui. Abrem o armário e dizem: *não tem nada, está vendo?, absolutamente nada. Volte a dormir*. Da próxima vez, o ansioso se envergonhará de pedir ajuda, e ficará acordado esperando que o dia chegue, que o sol disperse as sombras.

A ansiedade é um medo sem objeto, e, portanto, sem alívio. E talvez seja por isso que ela acrescenta outros sintomas aos do medo: gagueira, nervosismo, ruminação mental. A ansiedade é um medo que chega para ficar, que em parte nos assusta e em parte nos consola. É um hábito de ter medo, com um quê infantil que lhe permite perdurar, tornar-se crônica uma vez superada a crise aguda.

É um dissídio interior que se exprime por meio de sintomas físicos: por isso — porque é o sinal inegável de que nós somos mente e corpo juntos, porque aquilo que ocorre na mente reverbera no corpo e vice-versa — a ansiedade é objeto desde a Antiguidade da atenção dos médicos. Não digo que Rufo de Éfeso, por exemplo, poderia cuidar de Electra, mas quase. Médico do século I-II d.C. cujos textos sobreviveram apenas em fragmentos graças a Galeno e às traduções árabes, Rufo identifica no excesso de imaginação e numa atividade intelectual demasiado intensa os possíveis pródromos da degeneração patológica que leva ao excesso de humor negro. Em outras palavras: para ele, a bile escura da ansiedade (a *melancolia*, de μέλας, *mélas*, «negro» e χολή, *cholé*, «bile») pode ser uma simples consequência, não necessariamente a causa, do excesso imaginativo. O ansioso, tal como o coro repreende Electra, é sombrio, é melancólico, porque pensa demais, porque perde um tempo enorme imaginando desgraças e calamidades.

Desde a época antiga, o vínculo entre ansiedade e melancolia é muito forte: e a bile negra que prevalece no temperamento do melancólico, depois, no Renascimento, será colocada sob a influência de Saturno, o planeta sob cujo signo nascem os artistas, os atormentados, os humorais, os desesperados. Seria um vínculo duradouro; o que explica inclusive por que a história da ansiedade é, em grande medida, a história dos remédios empregados para contê-la. Para Hipócrates, a cujos estudos Rufo de Éfeso se referirá derrubando, porém, a relação de causa e efeito entre bile negra e agitação, os remédios para a melancolia são uma dieta leve, exercício físico, muita luz. Aristóteles, nos *Problemata*, sustenta que todos os homens fora do comum são melancólicos, e estabelece um paralelismo entre bile negra e vinho, que em pequenas doses pode, contudo, alterar, e aliviar, o estado de melancolia.[24]

O remédio predileto dos romanos é a mandrágora, que Aulo Celso aconselha ser mantida em forma de raiz sob o travesseiro para conciliar o sono; também o ópio é considerado. Avicena sugere sangrias e um pouco de balanço (o brinquedo mesmo), que alegraria o doente. Paracelso, que em pleno Renascimento reformula a teoria dos humores numa ótica semelhante à de Rufo, apoia o emprego do láudano, solução de ópio e éter, como sedativo; e até o século XVIII é muito popular também a teriaga, um fármaco de receita complexa e rica em ingredientes (podiam chegar a 57, mas o essencial era, nada mais nada menos, que carne de víbora), que a princípio era usado para neutralizar os venenos animais. O «antídoto de Orvieto», medicamento de fórmula misteriosa, parece ter sido um portento na cura das melancolias, em solução com água de buglossa ou de melissa. O remédio mais poético, porém, talvez seja o que sugeriu Gian Battista della Porta: a noz, escolhida em função de sua semelhança morfológica com um cérebro — a polpa seria o equivalente aos dois hemisférios cerebrais.

---

24. Aristóteles, *Problema XXX, 1. Perché tutti gli uomini straordinari sono melancolici*, org. B. Centrone. Pisa: ETS, 2019.

Quem pensou em romper o vínculo, e a confusão, entre ansiedade e melancolia foi o Iluminismo. Diderot se encarrega disso na *Encyclopédie*, dedicando um verbete a *angoisse* e outro a *mélancolie*. Também se chega a *angoisse* procurando *anxiété*; a definição é breve, mas resume muito bem o medo indefinido que caracteriza a ansiedade: «Uma sensação de asfixia, de palpitação e de tristeza; percepção de um mau presságio». O suplício de Tântalo do ansioso consiste na impossibilidade de captar tal presságio.

Já o verbete «melancolia» é quase um pequeno ensaio, bastante belo — e muito técnico, em sua tentativa de fazer uma análise rigorosa do ponto de vista médico do humor negro. De resto, a tendência saturnina à melancolia, ao excesso de imaginação, ao sentimento de impotência, é, em certo sentido, o refugo, o recalque do Iluminismo. Já Descartes, um século antes, quando os primeiros sinais da Idade das Luzes se acendiam no racionalismo, não tinha sido muito delicado com os melancólicos, confinando-os no recinto da loucura sem muitos rodeios: «dementes, que têm o cérebro tão perturbado pelos pesados vapores da bile a ponto de sustentar firmemente serem reis, enquanto são pobres coitados»,[25] escreve nas *Meditações metafísicas*. Muito antes que Napoleão existisse, havia quem acreditasse ser Napoleão; e os olhos cartesianos, tão atentos ao claro e ao distinto, não percebiam muita diferença entre delírios desse naipe e a tendência ansiosa. Descartes joga fora o bebê junto com a água do banho, mas era esse o espírito da época.

---

25. R. Descartes, *Meditazioni metafisiche*, org. S. Landucci. Roma-Bari: Laterza, 2016, i, 10.

A *mélancolie* de Diderot se assemelha, por sua vez, ao que chamamos de depressão. A definição geral, antes de adentrar na etiologia médica, começa assim:

é o sentimento habitual da nossa imperfeição. Ela é com muita frequência o efeito de uma fragilidade da alma e dos órgãos: é também o efeito das ideias de uma certa perfeição, que não se encontra nem em si nem nos outros, nem nos objetos dos próprios prazeres, nem na natureza.[26]

A ideia da melancolia como uma forma de insatisfação, um confronto assíduo, até «habitual» — ou seja inelutável — com a própria imperfeição, evoca um pensamento famoso de Pascal, de quase um século antes, que, no entanto, enfatiza sobretudo o estado de frenesi induzido pela reclusão — um estado que todos os ansiosos, e talvez não somente os ansiosos, sobretudo depois de terem experimentado a reclusão coletiva por causa da pandemia, conhecem muito bem:

Quando, às vezes, me pus a considerar as diversas agitações dos homens, e os perigos e os castigos a que eles se expõem, na corte e na guerra, originando tantas contendas, tantas paixões, tantos cometimentos audazes, e muitas vezes funestos, descobri que toda a infelicidade dos homens vem de uma só coisa, que é não saberem ficar quietos dentro de um quarto. O homem que tem suficientes bens para viver, se soubesse ficar em casa com prazer, não sairia dela para ir ao mar ou ao cerco de uma praça. Não se pagaria tão caro um posto no exército, se não se achasse insuportável não sair da cidade; e só se procuram as conversas e os passatempos dos jogos porque não se sabe ficar em casa com prazer.[27]

---

26.   J. D'Alembert, D. Diderot et al., *Encyclopédie ou dictionnaire raisonné des sciences, des arts et des métiers*. Paris: Flammarion, 1993.

27.   B. Pascal, *Pensamentos*, trad. Sérgio Milliet, col. Pensadores. São Paulo: Abril Cultural, 1973, vol. XVI, pensamento 139, p. 75. [N.T.]

Um humor melancólico, esteja ou não acompanhado da aterrorizada inquietação da ansiedade, cria na vida cotidiana uma dissonância árdua de tolerar. A história da minha inaptidão para dirigir diz claramente, mesmo sendo uma situação da qual se pode rir: sem dúvida a ansiedade complica a vida e às vezes a torna francamente difícil.

Ao mesmo tempo, as palavras de Diderot sobre o hábito da própria imperfeição e o impulso de se ajustar a uma perfeição inexistente (ou de todo modo inalcançável) lançam os fundamentos para uma reflexão que será desenvolvida por Kierkegaard — cujo existencialismo, aliás, é bastante tributário do próprio Pascal. Para Kierkegaard, a angústia «é a possibilidade da liberdade»,[28] e faz parte da consciência do viver: apenas quem é «privado de espírito», ele escreve, pode dizer que viveu sem angústia.

A consciência da condição humana comporta a iminência de um perene estado de ansiedade, entendida como desdobramento, μέριμνα: o conflito interior é a postura mais típica — própria, de fato, dos heróis e das heroínas da tragédia — que se assume diante de uma escolha. E viver, para Kierkegaard, significa comprometer-se com uma série de escolhas, infelizmente, tanto mais dolorosas quanto mais conscientes. A ansiedade é a tentação de uma paralisia que somos convocados a vencer, transformando-a no sintoma de uma vida que se concretiza, que atravessamos autenticamente e pela qual nos deixamos atravessar.

Mas do século xx aos dias atuais, a história da ansiedade volta a ser a de uma doença. Uma doença proteiforme, insidiosa: o manual de diagnóstico psiquiátrico DSM-5

---

28. S. Kierkegaard, *Il concetto dell'angoscia*, org. C. Fabro. Milão: SE, 2018.

enumera nada menos do que doze formas. A ansiedade é tratada, aplacada, e em certa medida é assim mesmo que se deve proceder: por que encarcerar os ansiosos num sofrimento inapelável, ou então entregá-los à passividade em relação ao sintoma? Eu não dirijo e sofro com isso; prometo a mim mesma que se necessário superarei esse meu bloqueio — talvez seja verdade. Mas não me preocupo demais: enquanto a ansiedade for tolerável, enquanto for uma desculpa para caminhar, uma das atividades mais tranquilizadoras que conheço. Eu me pergunto, porém, se temos certeza de que sempre é uma boa ideia eliminar a ansiedade.

Voltemos a Kierkegaard. Para ele, a ausência de angústia é sinal de uma «estupidez prosaica» que de algum modo afasta a autêntica experiência de viver. E acho que ele não está de todo errado. A consciência de viver, e de viver sendo dotado de livre-arbítrio, portanto, da possibilidade, e do dever, de escolher, é algo vertiginoso. Não faz sentido nos impedirmos de reconhecer isso. Temos, enquanto seres humanos, noção do tempo, que sabemos limitado, mas cujos limites não podemos mensurar. E, é claro, temos também meios refinados para nos esquecer disso, desenvolvemos a habilidade da distração, e talvez por isso as obras de arte[29] sejam tão comoventes: porque nascem de uma inquietação saturnina que afasta o tormento e, ao mesmo tempo, é por ele animada.

Na medicina moderna, o primeiro a tratar a ansiedade como doença foi Freud, que, em 1895, retomando um trabalho do psiquiatra Ewald Hecker de dois anos antes, começa a se concentrar na *Angstneurose*. Mas vamos com calma.

---

29.   Demonstração indireta dessa relação é a origem do conceito de «empatia», que, como veremos, nasce justamente no âmbito da história da arte: a sua categoria de pertencimento é antes estética que ética.

Essa forma específica de neurastenia, que Freud no início da carreira identifica na paciente Anna O. (um caso clínico que ele reconstitui num texto que poderia tranquilamente ser lido como um romance curto, e de fato se parece muito com os de seu conterrâneo e contemporâneo Schnitzler), é o caminho do inconsciente para narrar uma dor. Como médico, Freud se dedica a buscar um tratamento para os sintomas de Anna, que na verdade se chamava Bertha Pappenheim e sofria de uma melancolia que chegou a confiná-la em uma vida quase totalmente imaginária, e que lhe causou inclusive uma série de distúrbios físicos, da cefaleia a espasmos, a paralisias parciais dos músculos. Todavia, o tratamento que Freud procura passa pela expressão do estado angustiado da paciente; ele não quer eliminar a ansiedade, ao contrário: acredita que ela fala.

Devemos ficar atentos, hoje que temos a sorte de poder aplacá-la com remédios mais sofisticados e eficazes do que os miolos de nozes, escutando-a um pouco enquanto tentamos mandá-la embora; de outro modo, será muito difícil que ela consiga transmitir sua mensagem. Por isso, no tratamento da ansiedade é tão importante a psicoterapia, às vezes associada aos fármacos. Avançando por tentativa e erro, tento escutar a minha; se ainda não guio, espero que você me entenda, é porque ainda tenho um caminho a percorrer, para melhorar. O que sei é que as minhas cinco reprovações remontam a um período em que as crises de ansiedade se sucediam, e não tinham uma relação direta com o ato de dirigir, ou melhor, não apenas. Eu estava cindida, como o pobre Fausto, porque estava terminando a universidade e tinha de decidir que caminho tomar. Fiz, graças à ansiedade, a escolha mais inconsciente; sou grata a ela, porém, por ter me obrigado a escutá-la, a pensar no que me daria consolo, a inventar um modo de conviver com ela. Foi assim que comecei a escrever, para dissolver aquele nó na garganta; para vencer minha *dispneia suspirosa*, voltei à ideia que tinha quando criança: em algum momento eu me tornaria escritora. Uma ideia que mais tarde achei ridícula, pomposa, megalomaníaca, estúpida. Que reneguei e da qual cheguei a me envergonhar. A ansiedade, emoção vergonhosa, me obrigou a retomá-la, a pescar, entre tantas ideias mais sensatas e decentes, justo aquela. Foi a minha cura.

Aliás, *cura*, em latim, quer dizer «preocupação». E então, digo a mim mesma, talvez a cura da ansiedade seja levar a sério sua preocupação; não minimizá-la, não escondê-la. Escutá-la e tentar captar o que quer dizer. Para isso é importante isolar-se do ruído de fundo, conceder-se o direito de não estar pronto, presente, ativo, impecável, reluzindo de eficiência. Entrar no próprio tempo como Sêneca, um dos escritores mais reconfortantes de todos os tempos (na prosa, não nas tragédias, horripilantes e sanguinolentas, o que prova que até os mais sábios dos sábios precisam de um escape), aconselha a Lucílio na primeira carta que lhe escreve:

Faz assim, meu caro Lucílio: toma posse de ti mesmo, e o tempo que até aqui ou te era roubado ou surrupiado ou se perdia, reúne e preserva. [...] Logo, meu caro Lucílio, faz o que me escreves que vens fazendo: abraça todas as horas. Assim, acontecerá de dependeres menos do amanhã se tiveres tomado o hoje em tuas mãos.[30]

Tentar habitar o presente, na medida do possível, é um modo de calar a ruminação da ansiedade, a tentação

---

30.   Sêneca, *Edificar-se para a morte. Das cartas morais a Lucílio*, seleção, introdução, tradução e notas Renata Cazarini de Freitas. Petrópolis: Vozes, 2016, p. 13, carta 1. [N.T.]

de antecipar o pior, de se sentir esmagado pelos presságios, pelo medo de uma coisa que você não vê; e calá-la ajuda a se colocar em condição de ouvir a mensagem que ela nos traz.

E, é claro, há casos em que seria bom que a cura da ansiedade fosse também uma cura médica; casos nos quais o sofrimento excessivo se torna paralisia. Mas acho que a ansiedade nos pede sobretudo uma coisa, algo que devemos a ela: escutá-la, decifrá-la. Não nos envergonharmos dela se é nossa, não a ridicularizar se é de alguém próximo. Ouvi-la é importante, porque com frequência quer nos solicitar algo. Nem que seja somente nos conceder o tempo de nos mensurarmos com *o sentimento habitual da nossa imperfeição*.

Por outro lado, aprender a linguagem das emoções implica o trabalho — duro, cansativo, mas também feliz — de educar-se para reconhecer-se nos outros, e para conhecer os outros dentro de si. Só assim é possível traçar uma linha divisória entre nós e o mundo; uma linha imperfeita como somos todos nós, lábil, mutável, continuamente sujeita à mudança que o viver carrega na fisionomia do nosso eu, que cresce como uma árvore, anel após anel, e se transfigura no fluxo do tempo. Uma linha que nos custa o preço do conflito; a chegada a um acordo com as emoções que assinalam em nós o desejo e o horror de nos reconhecermos idênticos a quem está do nosso lado, e, ao mesmo tempo, únicos. Mas, vamos descobrir, somente se formos capazes de nos render àquilo que está fora de nós, *ao outro*, poderá ter alguma eficácia a obstinada defesa do mundo que as emoções de conflito colocam em ação: na rendição. E somente então saberemos o quão importantes são a compaixão e a antipatia, a raiva, a inveja e o ciúme, para habilitar um *eu* a ser também *nós*.

Compaixão, ou seja: descobrir-se humano

Quase desfalecido em pena quedo.[31]
— Dante

Se tem uma coisa que não tolero é ver sangue. Quando assisto a um filme, se um dos personagens se prepara inocentemente para cortar verduras — você já deve ter notado que, por alguma inescrutável lei cinematográfica, com frequência os personagens das comédias começam a fatiar abobrinhas, cenouras ou tomates enquanto conversam —, por via das dúvidas eu tapo os olhos. Vai que a cena inclui algum ato falho, um mindinho cortado por engano, uma gota de sangue que, tenho certeza, me faria desmaiar na hora. Por sorte, é raro que a perversão de um diretor consiga se equiparar ao pessimismo da minha fobia.

Não obstante essas implicâncias, lembro-me muito bem de um dia de fim de agosto de 2016 quando, de manhãzinha, no calorão de Roma, entrei no hospital e, preenchidos vários formulários, me acomodei numa poltrona reclinável, com uma agulha no braço e uma cânula que sugava, lentamente, o meu sangue. Só de pensar nisso sinto de novo o esforço que eu fazia para vencer a tentação — ao menos tão obstinada quanto aquela que nas escadas do Hades impeliu

---

31.   *Inferno*, canto v, v. 72, p. 65. [N.T.]

Orfeu a se voltar para procurar Eurídice com os olhos, e perdê-la para sempre — de virar a cabeça e ver aquele sangue que, dentro da cânula, não era mais meu, mas entrava numa bolsinha à espera de ser transfundido em quem dele precisasse. A coisa mais difícil era tentar não ver os muitos leitos reclináveis que me circundavam, não focalizar nenhuma outra cânula, nenhuma outra bolsinha; porque em cada um daqueles pequenos leitos havia pessoas como eu, que doavam o próprio sangue. E ainda que eu pudesse suportar a visão do meu, era intolerável a ideia de ver o sangue dos outros. Porque eu podia controlar a medida da minha dor, do meu sofrimento: mas a dor de outra pessoa? Só de pensar aquilo, como imagem hipotética, eu me apavorava.

É um pequeno engano perceptivo induzido pela compaixão, este, a respeito do qual poetas, dramaturgos e filósofos se interrogam desde a noite dos tempos. Até a compaixão, como muitas emoções, muda de cara segundo a perspectiva a partir da qual a olhamos; e ao contrário do que se poderia pensar, não porta sempre máscaras reconfortantes, pelo contrário: acontece até de seu sorriso compreensivo se transformar em um esgar inquietante.

Mas uma coisa de cada vez. Etimologicamente, «compadecer-se» (do latim *cum-*, «junto», e *pati*, «padecer») significa «sofrer junto»; sofrer no sentido de «suportar» um estado emocional, não necessariamente de dor ou pesar... No entanto, como a compaixão vem mais fácil com as dores do que com a alegria,[32] é muito mais frequente dividir um

---

32. Embora em geral o termo «compaixão» seja associado a um compartilhamento da dor, a partilha, ou melhor, a consonância do sentir não é limitada às emoções ou às sensações dolorosas: a empatia, a capacidade de «se pôr no lugar do outro», tem uma enorme potência e é, até hoje, tema de pesquisas científicas, na sequência da descoberta dos «neurônios-espelho»,

pesar, colocar-se no lugar do outro, padecer por terceiros, do que participar da felicidade alheia. Mas somar nossa dor à dor de um outro, sobrepor nossa ferida a uma ferida que vemos ou imaginamos aberta, ajuda a aliviar essa dor? Não seria uma forma de egoísmo, de narcisismo, uma apropriação indevida? Uma defesa agressiva, enfim?

A verdadeira razão pela qual naquele dia eu estava num hospital tinha a ver com um terremoto, e não no sentido metafórico: na noite anterior, a terra havia tremido a alguns quilômetros de onde eu dormia tranquila no calorão de agosto. O lustre balançou e eu mal abri os olhos; um barulho seco, um livro ou dois caídos da estante. Em Amatrice, talvez no exato momento em que eu abria os olhos, as casas desmoronavam; era agosto, o vilarejo estava lotado de veranistas. Quando soube, de manhã, ao acordar, me pareceu inaceitável a proximidade da tragédia. Fui doar sangue, eu estava bem; eu, que apenas tinha visto tremer um lustre; eu, que consigo suportar a visão de meu sangue muito mais do que ver o sangue de outro ser humano. E, no entanto, eu sei,

---

por uma equipe da Universidade de Parma nos anos 1990. Ainda mais interessante é que esse conceito, considerado caracteristicamente pertinente à psicologia, já que a evidência dos neurônios-espelho não atestou o caráter fisiológico, nasce no âmbito das pesquisas às quais Robert Vischer se dedica no campo das artes figurativas no final do século XIX. A empatia reúne, portanto, uma atitude estética (experimentar a correspondência de sentir que provém da observação de uma pintura), uma atitude psicológica, e razões biológicas evolutivas que envolvem, além do homem, outros animais. Na cultura budista, existe uma palavra, «mudita», literalmente: «gozar do bem-estar de outrem», que expressa com precisão a ideia da consonância e do compartilhamento da alegria, em termos não muito distantes dos que Espinosa, na conclusão da *Ética* (EV20), emprega para descrever a participação plural, coletiva, da alegria, que provém do conhecimento intuitivo.

todos sangram; e sei que era apenas por acaso que depois daquela noite eu podia doar sangue. De algum modo, a notícia do terremoto tinha feito ressoar em mim a consciência daquilo que todos, para poder sobreviver, tentamos calar com os meios mais diversos: que é sempre uma questão de sorte. A sorte de não pegar determinado avião, determinado vírus; de não estar no barco quando a tempestade rebenta, de ter perdido por pouco o trem que descarrila. A sorte de não estar no lugar errado no momento em que — somente a posteriori, e aí está a dificuldade — ele se revelará errado. Naquele dia eu me salvei; mas por quanto tempo? Me salvei, mas não estava a salvo. A contiguidade do desastre me mostrava o quão tênue devia ser meu alívio, o quão frágil: o quão próximo de seu contrário.

Voltaire ficou profundamente abalado com a notícia do terremoto que destruíra Lisboa na manhã do dia Todos os Santos de 1755, fazendo tremer de medo toda a Europa até Genebra: ele o demonstrou numa passagem célebre de *Cândido*, quando, por ter assistido ao terremoto (e também a um auto de fé: uma catástrofe natural que se soma a uma artificial, a terra que treme e os homens que queimam por sua fé), o protagonista é obrigado a pulverizar (e lhe basta uma única frase) a otimista teodiceia de Leibniz: «Se este é o melhor dos mundos possíveis, como serão os outros?».

Voltaire, assim como Kant, como Adam Smith, que também escreveram sob o efeito da terrível notícia, sabe muito bem que o que aconteceu em Lisboa pode acontecer de novo, em qualquer lugar. Em uma carta a seu amigo Jean-Robert Tronchin, ele diz: «Que terrível argumento contra o otimismo». Mas meses depois, em versos dedicados ao terremoto, mostrará o amargo desgaste da compaixão pelo atrito com o tempo e com a força da vida que continua:

«Lisboa está destruída, e em Paris dançam» (*Lisbonne est abîmée, et l'on danse à Paris*).[33]

O poema epicurista de Lucrécio, *Sobre a natureza das coisas*, inicia seu segundo livro com a imagem não de um terremoto, mas de um naufrágio. Um punhado de versos que qualquer um que os tenha lido, quem sabe na escola, decerto não esquecerá: versos sutilmente inquietantes, que ao afirmar a suave segurança do sábio revelam como tal segurança é frágil.

Porque não há como — por mais que Lucrécio insista em afirmar o contrário — não ver o «magno esforço dos outros» no mar agitado pelos ventos, as pequenas figuras sem nome que lutam para resistir à tempestade:

Suave é, em magno mar, as águas por ventos batidas,
quando, da terra, podes ver magno esforço dos outros;
não porque sejam prazer agradável os pesares dos outros,
mas porque ver-se carente dos males é algo suave.[34]

É possível ser tão sábio e ao mesmo tempo tão louco para de fato se manter a salvo, enquanto os ventos tombam um navio em alto-mar? Tão doido para se convencer de estar protegido, à margem, quando se é espectador de um naufrágio?

---

33. Voltaire, *Poema sul disastro di Lisbona*, org. de E. Cocco. Il Ramo: Rapallo, 2004.
34. Lucrécio, *Sobre a natureza das coisas*, edição bilíngue, trad., notas e paratextos Rodrigo Tadeu Gonçalves. Belo Horizonte, São Paulo: Autêntica, 2021, livro II, vv. 1-4, p. 93. [N.T.]

A alguns anos de distância daquela manhã de agosto em que eu doara sangue, não pensava no terremoto de Amatrice havia um tempinho: eu o sepultara em meio a um monte de recordações que confundem o fluxo dos meses e das estações, que mal despertam quando você arruma o armário ou organiza as cartas e dispara uma associação distraída de ideias: puxa, eu tinha vestido essa saia bem naquele dia; olha, o recibo do bar em frente ao hospital, torrada, suco de laranja e cappuccino, porque estava morrendo de fome e a brioche com gosto de plástico a que os doadores de sangue têm direito não me bastara. Mas, quando já não pensava mais no assunto a não ser por associações ocasionais, eis que o episódio emerge, e de maneira tão inesperada que me obrigou a examinar seriamente a natureza do sentimento que, naquela manhã de agosto, me impelira a me estender numa maca com uma cânula no braço e os olhos bem apertados para não ver nada. Era compaixão verdadeira? Ou só um modo de me meter no meio, de absorver na minha pessoa o fragmento de um sofrimento hipotético, mas não compreendido, não compartilhado — um exercício supérfluo, egoísta, que só por heterogênese dos fins conquistaria uma margem mínima de utilidade, medida em alguns mililitros de sangue de tipo A+ destinado a uma transfusão cujas razões eu não podia, é claro, adivinhar, provavelmente de todo alheias ao terremoto da noite de 24 de agosto?

Aconteceu quando eu menos esperava — num festival literário; eu conduzia uma oficina de escrita autobiográfica. Havia pedido aos participantes que trouxessem um objeto, apenas um, que fosse significativo para eles. Muitos levaram fotografias, algumas joias, uma máquina fotográfica, um disco. Uma moça, porém, chegou sem nada. Apontou para seus sapatos, um par de botas de caminhada com as pontas enlameadas. Fiquei surpresa, pois estávamos na cidade, era outono e em Roma o clima estava ameno. Não sentia calor com sapatos assim, tão inadequados?

Quando chegou sua vez, ela disse que usava apenas aqueles havia quase três anos: quando ia dormir, dispunha-os com cuidado ao lado da cama, os cadarços bem frouxos, para não ter dificuldade em calçá-los. Era assim desde a tarde de 25 de agosto de 2016; na madrugada do dia 24, quando sentiu a terra tremer, a primeira coisa que fez foi calçar aquelas mesmas botas, que havia tirado poucas horas antes, ao retornar de um passeio por campos e trilhas. Ela as calçou e, de bota e pijama, desceu para a rua; viu as casas que se retorciam, e não tive coragem de lhe perguntar se entre aquelas casas retorcidas estava também a sua. «É importante», ela disse, «ter sapatos para calçar na hora da pressa, porque nunca se sabe.» Pela primeira vez, olhando aquelas botas tão inadequadas, tão incongruentes, fitando seus pés entre os pés de seus colegas — um par de Desert Boots Clarks, um de Van's, um mocassim com salto —, tive a percepção do terror daquela noite de agosto. Não o meu, não o lustre que ondulava, não minha corrida ao hospital com a nobre intenção de desafiar meus limites e doar sangue, não: o terror de procurar um par de sapatos no escuro; de encontrar as botas, calçar os pés descalços, descer as escadas e, sem se dar conta, enquanto as casas desmoronam, ser testemunha da metamorfose dos objetos cotidianos — seria possível que fossem os mesmos sapatos, os que foram calçados na agitação da terra que treme, e os que foram tirados com um suspiro de alívio no retorno do passeio, antes de se entregar a uma bela ducha quente para recuperar as forças?

Olhando um par de sapatos jamais vistos, naquele momento em que o meu eu finalmente saíra de qualquer equação, em que não podia usar minha pessoa para absorver os golpes da desconhecida que falava comigo, nem projetar nada sobre ela, porque sentia apenas sua desorientação nos gestos que contava, só naquele momento, acho, experimentei compaixão. E na compaixão fiquei aniquilada; não disse nada, não fiz nada nem sonhei tentar tomar sua dor para mim: talvez tivesse sido injusto, impossível, com certeza.

Remontando aos tempos em que «compaixão» (ou melhor, seu homólogo grego: συμπάθεια, *sympàtheia*, composto exatamente pelos mesmos elementos do equivalente latino, συν, *syn*, que quer dizer «junto», e πάθος, *páthos*, que significa «afeição», no sentido de algo que se padece) ainda era uma palavra nova, podemos traçar uma tradição que, partindo da Atenas do século v a.C., chega até hoje. Até Martha Nussbaum, que diz que a compaixão pertence a um discurso ligado mais à arte do que à filosofia (que é mais um sentimento estético que ético, e que não nos ajuda muito a construir nosso conhecimento do mundo). Uma longa parábola de desconfiança, que alerta para os riscos que ocorrem quando o sentir se sobrepõe ao sentir de um outro. Os primeiros que se encarregaram de assinalá-los foram os sofistas: logo aquelas raposas velhas que manejavam com fins heurísticos, para vencer os debates, qualquer argumentação possível, souberam dar — quem melhor do que eles? — uma ampla demonstração das perigosas potencialidades psicagógicas da palavra, a força invisível que sabe agitar as almas, fasciná-las como um flautista faria com suas serpentes, hipnotizá-las, subjugá-las a seu poder. O discurso, diz Górgias no *Elogio de Helena*, é um senhor soberano que, com um corpo diminuto e quase imperceptível, leva a cabo acções divinas. Na verdade, ele tanto pode deter o medo como afastar a dor, provocar a alegria e intensificar a compaixão. [...] Eu concebo e designo igualmente toda a poesia como um discurso com ritmo. Um temor reverencial, uma comovida compaixão e uma saudade nostálgica insinuam-se nos que a ouvem. Por intermédio das palavras, o espírito deixa-se afectar por um sentimento especial, relacionado com sucessos e insucessos de pessoas e acontecimentos que nos são alheios.[35]

Uma desconfiança igualmente arguta e potente se infiltra no *Zibaldone* de Leopardi, que se questionou sem trégua sobre a compaixão, em busca da marca que a distingue — como expressão de uma singularidade desinteressada — das outras paixões. Mas, ele se pergunta, já que «o amor-próprio é sutilíssimo, e se insinua por toda parte», poderá algum dia existir uma forma de compaixão que não esteja contaminada por ele, que não se enraíze somente no temor, que não seja totalmente autocentrada, será possível «sentirmos nós mesmos um mal semelhante ao que vemos»?[36]

Admitamos que aquilo exercitado pela compaixão seja um pequeno encantamento que beira a impostura — a impostura do substituir-se no outro, projetando-nos sobre sua dor; a impostura da palavra que substitui o sentimento com um sucedâneo seu; tomemos por um consenso que a compaixão se move sobre um terreno escorregadio: podemos de fato conhecer alguma coisa, do mundo, de nós e dos outros, por uma via puramente sentimental, ou, na melhor

---

35. Górgias, «Elogio de Helena», in *Testemunhos e fragmentos*, trad. Manuel Barbosa e Inês de Ornellas e Castro. Lisboa: Edições Colibri, 1993, § 8-9, p. 43.
36. G. Leopardi, *Zibaldone di pensieri*. Milão: Feltrinelli, 2019, § 108.

das hipóteses, trata-se apenas de um ensimesmamento que não leva a lugar nenhum? Ficaremos frente a frente com certas perguntas que essa misteriosa consonância do sentir suscita, e que talvez possam ajudar, se não a resolver todos os dilemas, ao menos a esclarecê-los um pouco.

Por exemplo, às vezes me pergunto por que a dor, o pesar, o sofrimento são catalisadores de compaixão ainda mais fortes do que a alegria, embora com frequência se repita que a alegria é real apenas quando compartilhada. Tanto é assim que o filósofo israelense Khen Lampert observou:

a compaixão, sobretudo em sua forma radical, manifesta-se como um impulso. Essa manifestação está em nítido contraste com as teorias de Darwin, que dizem respeito ao instinto de sobrevivência como determinante do comportamento humano, e com a teoria freudiana do princípio de prazer, que recusa qualquer tendência por parte dos seres humanos a agir contra os próprios interesses.[37]

Embora problemático, um movimento da alma tão forte que escapa do impulso egoísta de cuidar apenas da nossa sobrevivência mostra ter uma força que não podemos negligenciar, na definição dos limites e prioridades de nossa condição de seres humanos.

Filoctetes, excelente arqueiro, aparece na *Ilíada* e na *Odisseia*; foi protagonista de um episódio que hoje parece inaceitável, lamentável — sobretudo pelo comportamento de Ulisses. Sófocles o narra no drama homônimo, o único sobrevivente ileso de um pequeno grupo de quatro tragédias (uma de Ésquilo, uma de Eurípedes e duas de Sófocles), todas

---

37. K. Lampert, *Traditions of Compassion: From Religious Duty to Social Activism*. London: Palgrave Macmillan, 2005.

dedicadas ao infeliz arqueiro. Quando Filoctetes tem o azar de ser picado por uma serpente num descanso da expedição rumo a Troia, e a ferida se infecta, Ulisses convence os companheiros a abandoná-lo na ilha de Lemos, com o pé gangrenado, como um monte de trapo velho. Aos olhos de hoje, a desventura de Filoctetes dá um aperto no coração. Com efeito, ainda que não seja uma apologia à compaixão, até a moral arcaica que a enerva exige um ressarcimento posterior pelo arqueiro imolado em alto-mar: tanto que a Ulisses cabe buscá-lo, mesmo que dez anos depois, porque o arco de Héracles (que Filoctetes guardou consigo, conseguindo assim sobreviver ao abandono dos companheiros), segundo uma misteriosa profecia, é indispensável à vitória dos aqueus sobre os troianos: o banido, curado por uma operação, será reintegrado à comunidade. Na história de Filoctetes ressoa, ainda que por antífrase, a importância do cuidado, da necessidade recíproca que liga os homens uns aos outros no idêntico estado de vulnerabilidade que apenas a solicitude sabe corrigir e tornar aceitável.

Quando um estudante perguntou à antropóloga Margaret Mead qual seria o primeiro sinal da civilização, ela respondeu: um fêmur, quebrado e depois curado. Uma perna destroçada, uma ferida que alguém teve a paciência de esperar que sarasse: o cuidado, mais uma vez, a espera que Ulisses não quis enfrentar. A compaixão como gesto, como ação — como postura, não como retórica — permite, contra qualquer compulsão de se livrar dos inconvenientes, ver a dor de um outro e senti-lo próximo; senti-lo *possível*, e, portanto, cuidar dele. A marca da condição humana — a fragilidade — assim venceu o instinto de pura sobrevivência: quando ao lado do desejo de sobreviver se coloca o impulso de se aliar a quem está temporariamente frágil.

Na teoria dos afetos de Espinosa, a compaixão é classificada como uma forma de *tristeza*: «A compaixão [*commiseratio*] é tristeza acompanhada da ideia de um mal advindo dos outros que imaginamos semelhantes a nós».[38] Pois bem, talvez nessa definição, aparentemente tão lacônica — quase óbvia —, esteja o indício secreto que distingue a compaixão de todos os movimentos da alma; que a torna uma emoção diferente de qualquer outra. Porque em geral os afetos que Espinosa relaciona à constelação da tristeza (*tristitia*), mais do que à da alegria (*laetitia*), são paixões que separam, que segregam, que distanciam dos outros, enquanto os afetos de alegria se comunicam, se somam, se multiplicam, na coparticipação dos outros. A *commiseratio* é um caso de exceção. A compaixão, para Espinosa, é, sim, um entristecer-se: mas um entristecer-se que se desenvolve numa primeira pessoa do plural, um *nós* que não se expande só até compreender quem suscita aquele preciso ato de compaixão que nos toca, mas se escancara na amplitude potencial das infinitas semelhanças possíveis. Aquele «nós» cresce até abraçar as imagens que temos de quem nos é caro, de qualquer um que encontramos pelo caminho; de todos aqueles que nos parecem (ou melhor: que podemos imaginar) semelhantes a nós.

Isso nos é dito por um Filoctetes abandonado e depois resgatado, pelo fêmur quebrado e curado de que fala Margaret Mead, pela primeira pessoa do plural da definição espinosana da compaixão: nós nos assemelhamos em nossas feridas, nos pontos fracos; lá onde somos mais frágeis somos mais semelhantes do que nunca, e a *faiblesse*, a fragilidade, para usar a palavra cara a Montaigne, nos aproxima e nos

---

38. B. Spinoza, *Etica*, org. P. Cristofolini. Pisa: ETS, 2014, EIIIDef. 18.

distingue. No livro do *Gênesis*, o que para todos os efeitos torna Adão e Eva humanos não é tanto a transgressão da única proibição imposta por Deus; não é tanto ter experimentado o fruto da árvore do conhecimento quanto a descoberta da dor: só quando perdem a imunidade à dor, a primeira mulher e o primeiro homem adquirem, em todos os sentidos, o status de seres humanos.

Na compaixão, portanto, se esboça o segredo da humanidade inteira. Sem aquele movimento sincero de espelhamento na dor de um outro não saberíamos reconhecer nosso semelhante, não saberíamos o que ele sente, o que o perturba e, potencialmente, poderia também nos perturbar. A compaixão torna impraticável a indiferença, se não como escolha precisa, como uma responsabilidade moral que se deve assumir: podemos até adotar uma postura, como o sábio de Lucrécio, de simples espectador de um naufrágio, mas se diante de nossos olhos alguém que reconhecemos como nosso semelhante está lutando para sobreviver às enormes ondas, perdemos toda a inocência de espectadores, e já estamos participando de sua luta, ainda que somente com o silêncio, com as lágrimas, com o medo, mesmo que depois decidamos ignorá-lo.

Primo Levi, na epígrafe de suas memórias de uma tragédia que, pelo ato de escrever, convocaram o testemunho de todos os homens, criou uma poesia que destrói de uma vez por todas a possibilidade de ignorar os náufragos permanecendo imperturbável e seguro na tepidez de casas bem aquecidas e protegidas. E não acho que seja por acaso que um dos capítulos mais vertiginosos do livro evoque, para mostrar a profundidade da semelhança (e da ferida) que une os homens, justo Dante, que, como peregrino em sua viagem ao além, explorou o limite mais impossível e mais árduo da compaixão — os confins entre os vivos e os mortos. Dante, no canto v do *Inferno*, fica mudo diante das palavras de Francesca da Rimini, e sofre tanto até quase cair morto na presença das almas que não podem ser substituídas, mas de cuja dor ele compartilha com tal força que não lhe é poupado nem um pingo de perplexidade ao reconhecer o peso dos seres humanos, ou seja, dos animais vivos com a consciência da morte, e do tempo, e da transitoriedade:

[...] e em mim tal pena vi
que foi qual se a morrer eu me sentisse;
como um corpo morto assim caí.[39]

No capítulo em que Primo Levi evoca Dante, é citado não o canto v, mas o xxvi, também do *Inferno*, em que Ulisses aparece envolto em uma chama bifurcada. Naquelas páginas incríveis, não são apenas os versos de Dante citados de cor que falam do peso e da dor universal da *condition humaine*; ou melhor, são *também* estes, mas porque se aproximam do diálogo entre Levi, prisioneiro do campo, e Jean, o Pikolo, o adolescente alsaciano que o acompanha para pegar a sopa; uma breve pausa do horror. Nas palavras híbridas que mesclam italiano, alemão e francês, saltam recordações simétricas que, aos olhos dos dois náufragos crescidos em regiões e cidades diferentes e agora dispersos, ao mesmo tempo, num lugar desumano, adquirem uma semelhança quase alienante, paradoxal — demasiado, se não irremediavelmente, verdadeira. É a memória secreta, singular e ao mesmo tempo quase comum de suas mães

---

39. Dante, op. cit., v, vv. 140-142. [N.T.]

que se torna a via possível para o reconhecimento, para a compaixão, para a compreensão:

Diminuímos o passo. Pikolo era esperto, escolhera habilmente o caminho de modo que faríamos uma grande volta, caminhando ao menos uma hora, sem levantar suspeitas. Falávamos de nossas casas, de Estrasburgo e de Turim, de nossas leituras, de nossos estudos. De nossas mães: como são parecidas todas as mães! Sua mãe também o repreendia por nunca saber quanto dinheiro levava no bolso; sua mãe também ficaria espantada se soubesse que ele tinha se safado, que dia após dia ele se safava. [40]

Na compaixão nos conhecemos e nos reconhecemos. É sob o signo da fragilidade que nos encontramos, nos reencontramos; porém, somente com a condição de ficar perplexo, de se perder a ponto de anular o amor-próprio na piedade do outro, de deixar que sua dor possa ecoar, ainda que por um átimo, na caixa de ressonância do nosso silêncio.

---

40. P. Levi, *Se questo è um uomo*. Turim: Einaudi, 2014.

Antipatia, a emoção inconfessável

Nossas experiências nos sucedem;
nossas antipatias nos precedem.
— Leo Longanesi

Quando levo meu cão para passear — melhor dizendo: quando meu cão me leva para passear, porque, até que ele me ensinasse, eu não sabia o que queria dizer vagar sem rumo pelas ruas do bairro, sempre as mesmas, e parar, rua sim, rua não, para ele farejar algum rastro obscuro de chorume na calçada, uma folha, a terra úmida na base das árvores, uma embalagem que algum dia talvez tenha abrigado um sanduíche de mortadela; e eu parar, enfim, olhar o céu, as nuvens, o sol, a chuva que chega, as sombras sobre o asfalto. Quando vamos passear, cada um a seu modo, observando a mesma porção de mundo, ele sobretudo por meio do olfato, como convém aos cães, eu sobretudo por meio da visão, o sentido preponderante dos humanos, verifica-se com frequência impressionante um evento de importância capital na vida cotidiana de um cão urbano: o encontro com outro cão.

Cães com guias retráteis, cães sem guia, cães com guias de adestramento, com capas de chuva, roupinhas xadrez, coleiras estampadas ou esportivas, peitorais, quase suspensórios; cães minúsculos ou gigantescos, cães com o rabinho amputado ou com o rabo de espanador, orelhas pendentes, salientes, peludas, orelhas protegidas com faixas especiais para cocker spaniel; cães com os olhos esbugalhados, cães com olhos azuis, com olhos lânguidos, olhos tristes, olhos grandes; cães com nome de pessoa, com nome de coisa, como Pipoca ou Manchinha ou Pingo; cães com nome de cão como Totó ou Rex, cães com nome esnobe como Sophie, com nomes incompreensíveis ou inexplicáveis, cães com nomes perfeitos para sua fisionomia: toda essa infinita variedade de cães, ainda que com idades, hábitos, feições, dimensões variadas, segue um ritual idêntico. Eles se aproximam dos donos, que sorriem com vago embaraço, ou até sem embaraço, depende do temperamento, porque para eles também vale o que vale para os cães: encontram-se e têm de compreender quem está diante deles. Só que para os cães, ao menos a nossos olhos humanos, a liturgia tem uma simplicidade que desarma, da qual às vezes, confesso, sinto inveja. Aproximam-se, farejam-se, ou melhor, farejam os respectivos traseiros, e dessa simples cheiradinha, que por vezes pode se prolongar por vários segundos, até minutos, tiram suas conclusões. Compreendem se gostam um do outro, e nesse caso logo tentam demonstrá-lo, sem perder tempo, ignorando o incômodo sorridente dos donos. Compreendem se são perfeitamente indiferentes, circunstância rara, mas sempre possível. Compreendem sobretudo se se detestam: e nesse caso a situação se torna tensa logo de cara, ao menos do ponto de vista dos donos, que não podem prescindir do próprio olhar sobre as coisas — basta pensar que aqui não tenho outras palavras para empregar além de *antipatia, indiferença, enamoramento*: palavras humanas que aplico a reações e relações caninas por falta de algo melhor. Para quem tem um cão, é muito difícil acostumar-se a esse tipo — imediato, superficial, passageiro

— de agressividade. Ao mesmo tempo, é instrutivo: um cão violento é uma coisa, um cão que rosna por antipatia é responsável por um pequeno incidente sem importância. E não é para gritar ou ficar com raiva dele; é a sua índole, não a vontade, que o rege.

Conheço os nomes de todos ou quase todos os cães da vizinhança; mais raramente os nomes dos donos, porque é espontâneo, no contexto dos encontros caninos, concentrar--se nos quadrúpedes, no que eles aprontam. Porém também nós, os donos, na sequência de farejamentos, baforadas, rosnados, ganidos, uivos, saltos e piruetas, trocamos algumas palavras, alguns olhares que equivalem um pouco ao compulsivo cheirar dos cães, do qual são uma versão urbana civilizada reprimida: porque, se o resultado dessas sondagens acaba sendo uma instintiva antipatia (já repararam? Entre homens, e entre cães, ao contrário do enamoramento, as antipatias são quase sempre recíprocas!), nós humanos não temos a permissão, sob o risco da ruptura de um pacto de civilidade, de nos lançar de cabeça numa rixa, de encenar uma luta improvisada nem rosnar e nos afastarmos sem dizer nada. Só nos resta permanecer imóveis e tentar encerrar a conversa, desejando estar em outro lugar.

Cultivo uma relação difícil, conturbada, com a antipatia. Sofro daquela que me inspiram os outros; mas também, em última instância, daquela que posso suscitar. É assim desde sempre, duvido que consiga mudar. Por outro lado, como explicava admiravelmente Espinosa à margem de sua teoria dos afetos, não tem sentido forçar pela via racional uma transformação daquilo que sentimos. A vida emocional não ouve as razões, de pouco valem as tentativas racionais de reprimir os movimentos da alma; o parco sucesso de meus esforços para controlar a antipatia seria, por si só, a prova perfeita disso.

Já me aconteceu, como a todo mundo, de encontrar pessoas que não me agradavam: compreendi no primeiro olhar, no aperto de mão, aquilo que meu cão percebe farejando o ar nas proximidades de outro cão. Senti a antipatia como um instinto, um apelo de fuga; me senti culpada, humilhada, por minha pressa sumária de julgar. E então fiz uma coisa que não deveria; porque o que eu deveria ter feito teria sido guardar para mim a antipatia, temperando-a talvez com uma boa educação civilizada, guardar para mim também, talvez, um pouco daquele sentimento de culpa — não é preciso de jeito nenhum ser perfeito — para transformar, na primeira oportunidade, na possibilidade de mudar de ideia, de repensar. O que talvez pudesse acontecer naturalmente depois, se apenas a vergonha, o incômodo por mim mesma (cujo correlato especular era eu, eu, eu que queria ser a simpática, a boazinha, a certinha) não tivessem me impelido a compensar os sentimentos de aversão com uma extroversão exagerada, uma gentileza afetada, uma jovialidade diretamente proporcional à antipatia de antes. O que acontecia depois, sempre? Decepções pungentes. Descobri que a antipatia inicial me avisava, por uma via quase inconsciente, da incompatibilidade entre mim e aquelas pessoas; incompatibilidade que me impus apagar como se entulha com pressa e fúria uma cova, despejando dentro todo meu desejo de remediar, todos meus bons sentimentos, para que ninguém, ou melhor: para que *eu* não percebesse minha própria fragilidade.

O que posso fazer, agora que sei que não há como me convencer a sair do sentir, tão robusto e idiossincrático, tão imediato, da antipatia — na impossibilidade de me apressar a afogá-la e superá-la, como fazem os cães —, é buscar decifrá-la: tentar entender *por que* tal pessoa faz vibrar aquelas cordas hostis, sabendo muito bem que embora cada emoção tenha suas causas, em parte misteriosas, em parte, ao contrário, rastreáveis com um pouco de autoanálise, jamais serão de fato razões reais e muito menos justificativas; todavia, poderão servir para colocar uma distância entre mim e a pessoa que tanto me irrita. E a distância, às vezes, já é uma proteção. Sem falar que evitar se culpar pelas próprias antipatias afasta o risco de que elas cresçam desmesuradamente em resposta à repressão, como molas comprimidas até não poder mais que a certo ponto são obrigadas a saltar fora. Ajuda também pôr a coisa em perspectiva; ver que talvez, a certa distância, também podemos encontrar uma lógica nas razões pelas quais alguém nos parece irritante de perto, compreendê-las, reconhecendo que nem mesmo nós somos irrepreensíveis; para isso, contudo, como veremos, precisamos de um pouco de literatura. Exercitar o olhar à distância, de todo modo, é muito diferente de procurar compensar com excessiva jovialidade o incômodo da antipatia: ele não deve ser ignorado, nem reprimido, caso se queiram evitar as desventuras que experimentei com tanta frequência. Não superestimar esse incômodo, sob o risco de acumular agressividade biliosa e sofrer com isso, nem subestimá-lo, sob o risco de trair-se e, portanto, amargurar-se até ser maltratado também pelo antipático redimido: é sutil o desafio que a antipatia nos propõe. Aceitar poder ser antipático, aliás, é outra história, um desafio também interessante; até nisso, devo dizer, a literatura me ensinou muito.

Em última análise, a antipatia é a coisa mais natural do mundo — e talvez por isso seja tão difícil de admitir, de justificar, de confessar: porque tem causas, mas não razões, porque é um sentimento imediato, «natural», ainda que, como tudo que sentimos, na verdade seja mediada pelos inevitáveis fatores culturais em meio aos quais nos formamos, crescemos, experienciamos o mundo e vivemos nossa vida.

Mas aqui digo «natural» no sentido mais estrito e literal da palavra. Na *Encyclopédie*, a entrada *antipathie* coloca em questão a física logo de cara: na física, a antipatia, substantivo feminino, composto pelas palavras gregas ἀντὶ, *anti* («contra») e πάθος, *pàthos* («paixão», «afeição»), indica «a inimizade natural, ou a aversão de uma pessoa ou de uma *coisa* por uma outra». Seguem os exemplos que esclarecem de que maneira o conceito de antipatia pode ser aplicável — como menciona com desenvoltura D'Alembert, autor do verbete, referindo-se a fontes antigas — também às coisas: o que pode talvez soar um pouco excêntrico para nós, mas nos oferece a prova do caráter potente e universal desse sentimento de repulsa, oposto especular da simpatia.

Um exemplo, continua o verbete da *Encyclopédie*, é a supostamente natural oposição recíproca entre a salamandra e a tartaruga (?), o sapo e a doninha (?!), a ovelha e o lobo (pelo menos a última até eu conhecia). Ou a aversão, igualmente natural e invencível, de algumas pessoas por gatos, ratos, aranhas; aversão que às vezes quem a sente chega a desmaiar só pela visão desses animais. D'Alembert cita como exemplos extremos de antipatia o que nós chamamos fobias; e, com efeito, como demonstrará um século e meio mais tarde Freud, estudando como um *detective* os medos do homem dos lobos ou do pequeno Hans à luz da descoberta do inconsciente, há com frequência nas repulsas fortes e imotivadas uma razão oculta, cuja permanência na sombra corresponde à persistência da aversão, ou da antipatia, nas palavras de D'Alembert.

O autor mais tarde cita, a partir de outras fontes, mais exemplos, «fabulosos e absurdos»; diríamos, acima de tudo, imbuídos de pensamento mágico, ou de todo modo muito semelhantes, ao menos a partir de um olhar superficial, a superstições: a ideia de que um tambor de pele de lobo romperia um tambor de pele de ovelha (?), ou de que as galinhas levantariam voo ao som de uma harpa cujas cordas fossem de tripas de raposa. Segue-se uma referência aos verbetes *musique* e *tarentule*, isto é, a doença dos acometidos pelo tarantismo,[41] que para D'Alembert seria um dos casos «mais reais» de antipatia. Pena que Jaucourt, o autor do verbete sobre o tarantismo, sustente que se trata de uma doença inexistente e que, portanto, não passa de uma lenda supersticiosa.

Boyle — continua D'Alembert — menciona uma mulher que tinha uma forte «antipatia» por mel (e aqui fico de orelha em pé, porque também detesto mel); seu médico, convencido de que nessa aversão deveria haver «*beaucoup de fantaisie*», quer dizer, que estaria relacionada a algumas fantasias dela, ou, como diríamos hoje, que era uma fixação totalmente psicológica, misturou um pouco de mel numa compressa e a aplicou nos pés da mulher. Qual não foi a sua surpresa ao perceber que havia se enganado! O emplastro provocou uma incômoda irritação que o obrigou a se livrar dele correndo para evitar outros danos. Muito bem, vou ficar longe das compressas de mel nos pés, vai que meu caso também seja de uma intolerância fisiológica.

---

41. Doença nervosa que se acreditava ser adquirida pela picada da tarântula de Puglia. [N.T.]

Uma moça «da Nova Inglaterra», por sua vez, segundo o relato de um tal doutor Mather, tinha o hábito de desmaiar (e como culpá-la!) toda vez que via alguém cortar as unhas com uma faca. E aqui digo a mim mesma que tenho sorte por viver num tempo em que esse costume questionável não é mais praticado, pelo menos não que eu saiba, porque senão me veria nas mesmas condições da moça americana; a qual, porém — continua o verbete «antipatia» —, não esboçava nenhuma reação se a referida pessoa, em vez de recorrer à faca, aparasse as unhas com um par de tesouras mais civilizadas.

Acumulando exemplos desse tipo, observava D'Alembert, seria possível chegar ao infinito. Além disso, ele não está a fim, confessa, de pôr a mão no fogo pela autenticidade desses casos citados na literatura. O importante, diz, com admirável pragmatismo iluminista, é que a existência das antipatias é um fato certo, e estabelecido como tal.

Mas as causas? Os peripatéticos, como cita corretamente D'Alembert, tinham para a antipatia uma explicação ao mesmo tempo fisiológico-naturalista e misteriosa, científica e mágica. Segundo eles, as antipatias viriam de certas qualidades ocultas inerentes aos corpos. E com certeza há alguma verdade nisso: basta observar os cães que se farejam e compreendem, pelo cheiro, se se gostam ou se detestam; mas nós também: às vezes, só de ver uma pessoa, ouvir sua voz ou o passo, ou o nome, instintivamente nos arrepiamos e recuamos, nos incomodamos e não sabemos bem como disfarçar sem revelar a incontrolável repulsa. Com mais sabedoria, continua D'Alembert, os filósofos modernos confessam ignorar a causa da antipatia — por outro lado, para poder esboçar uma interpretação satisfatória dela seria necessário esperar a descoberta do inconsciente.

Mas a explicação que se segue é uma metáfora esplêndida, embora conserve um ponto obscuro: o cerne opaco da antipatia, sua imperscrutável volubilidade. Alguém, cita a *Encyclopédie*, «pretendeu explicá-la olhando o nosso corpo como uma espécie de cravo cujas cordas seriam os nervos. O grau de tensão dos nervos, diferente em cada homem, dá lugar, eles dizem, em cada um, a um tremor distinto diante de um mesmo objeto. E se esse tremor produz uma sensação desagradável», bem: eis a antipatia! Aquilo que, porém, permanece inexplicável é «como um grau mais ou menos alto de tensão, às vezes com variações mínimas, pode produzir em dois sujeitos distintos sensações diametralmente opostas».[42]

Nenhum homem é um cravo, e, no entanto, vibramos de simpatia, de ódio, de aversão ou de repugnância; ou, justamente, de antipatia. Dentre todos esses sentimentos, é a antipatia que tem o significado mais vasto e inclusivo: o ódio é experimentado pelas pessoas, a repugnância, a menos duradoura de todas essas impressões, é reservada a certas ações; a antipatia, por sua vez, pode se irradiar indiscriminadamente sobre tudo. E enquanto o ódio teria uma raiz mais voluntária (no sentido de que também pode ser determinado por posições racionais), aversões, repugnância e antipatia nascem, acima de tudo, do temperamento. As causas da antipatia são, pois, as mais misteriosas de todas; ainda mais do que as causas da aversão. Como se explica, aliás, a antipatia por pessoas que não nos fizeram nada, e que emerge *desde a primeira vez que as vemos*?

---

42.   J. D'Alembert, D. Diderot et al., op. cit.

Por outro lado, talvez nós não tenhamos as mesmas possibilidades briguentas dos cães; em compensação, temos a literatura! Que é o meio mais formidável para deflagrar a antipatia sem ter que sair da sociedade, sem se manchar com crimes horríveis nem quebrar o pacto que está na base do *mal-estar da civilização*.

Já pensou nisso? Não existiriam histórias se não fossem os antagonistas. Sem contraste, sem alguém que se oponha ao protagonista, que não dificulte sua aventura, não haveria histórias que valessem a pena contar. O lobo e a ovelha citados por D'Alembert, o lobo e o cordeiro da fábula de Esopo.

O famoso esquema de Propp, que disseca a estrutura universal das fábulas, põe de um lado um protagonista, de outro, invariavelmente, um antagonista. É necessário alguém que confronte o herói, que se meta em seu caminho, que tente de todas as maneiras fazê-lo fracassar. As histórias nascem do atrito, as antipatias são o seu combustível. Além disso, não está dito que o antipático seja necessariamente o antagonista — pode ser até o próprio protagonista. O herói. Os romances estão repletos de protagonistas insuportáveis: Emma Bovary não é decerto um exemplo de simpatia, e mesmo assim acompanhamos sua dor, sua queda, choramos quando morre. Holden Caulfield, que aliás muitos adoram, é bastante cheio de si; Anna Kariênina é uma passivo-agressiva; Marcel, o narrador da *Recherche*, faz coisas horríveis com a pobre Albertine, é um sádico, um inafetivo, um ciumento patológico; ou ele é apenas hipersensível? Não importa. Quando lemos, experimentamos antipatias autênticas pelos mais variados alvos. Podem ser personagens antipáticos pela constituição — como o perfeitamente detestável Uriah Heep, um pequeno tratado de fisionomia na forma de um personagem caricato dickensiano, que apronta poucas e boas, com seu aspecto melífluo, para prejudicar David Copperfield —, talvez contra a sua vontade, talvez porque sejam sabichões como Harry Potter, ou apagados como Lucia Mondella. Raras vezes quem nos inspira antipatia são os vilões monumentais, que aliás em geral recebem um afeto sincero e agradecido: o Inominado e Drácula, Stavróguin e Lady Macbeth têm uma grandeza majestosa que os faz serem amados muito mais do que suas ações mereceriam. São os malvados, os medíocres, os lamentosos, os oportunistas sem escrúpulos e sem senso de humor que nos incomodam nos livros (e com frequência na vida!), quando os encontramos.

A antipatia, como a simpatia, não se atribui por mérito; assim, os romances transbordam de personagens irritantes de quem, no fundo, gostamos, e de bonzinhos que não podemos suportar. Amy March é insuportável, caprichosa, queima o manuscrito da irmã na lareira, rouba-lhe o namorado (ainda que ele tenha sido rejeitado pela irmã) — aliás, ela até casa com ele, depois de inclusive ter usurpado da irmã a viagem para a Europa —; nós a detestamos, mas acabamos amando até mesmo a ela, porque o milagre da saga das *Mulherzinhas* é ser capaz de nos mostrar a vida das quatro senhoritas March em uma perspectiva tão ampla, tão aberta e clara que cada coisa parece encontrar o seu lugar em um plano cheio de falhas, de injustiças, e também de dores, mas que se parece tanto — demais — com a vida real para que não tenhamos a tentação de nos comover e perdoar tudo. Tudo exceto Jo e seu matrimônio com o entediante professor Bhaer, que deveria ter a nossa simpatia, que deveria ter a nossa gratidão, porque lhe quer bem, mas que, ao contrário, é apedrejado por ter nos roubado a irmã rebelde, a livre, a que não deveria ser de ninguém a não ser de todas as gerações de leitoras e leitores que se identificaram com ela. Ele a transformou em uma mulher como as outras, tornou-a ajuizada, e nós não conseguimos engolir isso.

Há, porém, na antipatia que sentimos como leitores (ou como espectadores de filmes, de séries e de peças, até mesmo de fofocas, enfim, de tudo que envolve nosso interesse sem que estejamos implicados na ação), uma força especial, que, na minha opinião, é catártica. Aquela antipatia experimentada «na teoria», experimentada sem se tornar ação, sem a tentação do senso de culpa, de compensar ou de reparar, que sempre traz problemas; aquela antipatia anárquica, não adulterada; aquela antipatia, eu diria, desinteressada, representa um espaço de liberdade fundamental para se familiarizar com essa emoção tão difícil de confessar, mas também de esconder e sufocar. Somente quando somos crianças, talvez — ou cães, se fôssemos cães —, conhecemos, em relação a nossas antipatias, uma liberdade semelhante àquela que experienciamos como leitores.

A verdadeira academia para praticar uma relação sã com a antipatia, quando adultos, talvez seja a literatura. Com os personagens dos romances, até com os antipáticos, instaura-se pouco a pouco, ao longo das páginas, um laço de familiaridade quase afetuosa: porque não nos forçamos a engolir o tédio, porque não nos sentimos culpados — que sentido teria com personagens inventados? —, purificamos a aversão de suas escórias mais punitivas, e mais uma vez podemos chegar a entrever o que jaz no fundo, o depósito subaquático, o precipitado de nossa imperfeita humanidade.

Seria melhor que aprendêssemos a escutar nossas antipatias, em vez de reprimi-las ou compensá-las, sejam elas preconceitos, idiossincrasias ou puro instinto, portanto, espontâneas (e, dizem, «injustificadas», mas será que são mesmo? Às vezes, acho que a antipatia é uma advertência, como o medo ou a dor); e as hostilidades literárias também servem para isso, para nos mostrar o quanto são aceitáveis, desativáveis pelas vias catárticas da narrativa que nos permitem olhar, espelhados nos outros, nossas próprias misérias e alegrias, que nos possibilitam pairar sobre nossas vidas para depois a elas retornar, apaziguados.

A antipatia nos ensina que, gostemos ou não, não estamos sozinhos no mundo; não estamos no centro de tudo, ao contrário: sem serem convidados, chegarão os antagonistas da história que escrevemos a cada dia, a qual sem atritos decerto não seria tão interessante, nem por vezes tão irritante. Temos o privilégio de poder escolher os amigos satisfazendo nossos impulsos mais generosos, buscando confiar em um critério que seja de verdadeira abertura, não de compensação. Não podemos, porém, pretender habitar nossa vida como um reino do qual todos os antipáticos tenham sido banidos. Alguém, clandestinamente ou a convite, conseguirá cruzar as fronteiras seja como for; então mais vale parar de nos imaginar como fortalezas que podem erguer a ponte levadiça, e deixar tudo escancarado, sem fazer disso um drama, sabendo que a antipatia também pode nos reservar a surpresa de uma inesperada familiaridade, e que, sobretudo, ela não é o fim do mundo; é uma coisa que acontece até com os cães, e não os impede depois de voltarem, abanando o rabo, para se farejarem mutuamente, como se cada novo encontro fosse a maior promessa de felicidade possível.

A antipatia, essa emoção inevitável, tem também outra face, secreta, oculta: aquela que nós inspiramos, aquela que faz de nós os antipáticos. Aceitar isso é quase tão difícil quanto escutar a própria voz gravada; e, pensando bem, é mais ou menos a mesma coisa. Nossa voz, a única que nos chega a partir de dentro, a única da qual nós somos a origem, quando a ouvimos gravada se torna um objeto exterior, idêntico a milhares de outros. Pode inclusive sair da mesma fonte (um telefone, um gravador) da qual jorram outras vozes, todas gravadas da mesma maneira; odiamos, então, escutá-la, porque nos desorienta vê-la como uma em um milhão.

É que nós, até quando não nos gostamos, conhecemos de nós mesmos todas as razões. Olhar-nos com olhos externos é muito complicado, requer uma capacidade de abstração que nem sempre podemos nos permitir. O risco é acabar em mil pedaços, explodidos, expostos, fragmentados. Somente onde nos sentimos amados, escreveu Adorno, podemos nos mostrar frágeis sem esperar como resposta a força: quando sabemos, ou suspeitamos, que não somos amados em absoluto, que somos antes objeto de aversão, como podemos demonstrar nossa fragilidade, como podemos ser sinceros? Pelo visto, estamos destinados a nos entrincheirar por trás de uma armadura, a nos proteger, a nos esconder dos olhares, apenas pela suspeita de uma antipatia suscitada.

Não, pelo contrário; talvez não. Não se percebermos que, por mais que se leve a sério a antipatia, até quando nós mesmos a sentimos, ela não é nada de grave, apenas o impulso natural de aversão de alguém em relação a um outro que pode, legitimamente, retribuir na mesma moeda; não, se aceitarmos que por trás do véu da antipatia, olhando bem, encontraremos sempre alguém como nós, tão ridículo, incauto, frágil, temerário, tão errado, ou, às vezes, certo. E então aquele impulso de aversão se redimensiona, embora sem se reabsorver; e nós mesmos podemos nos sujeitar à hipótese de suscitá-la, e depor as armas, e esperar que para cada ataque à nossa fragilidade nos chegue também um olhar capaz de nos compreender.

Sinto que posso me permitir parecer antipática — tolerar um olhar desafiador, julgador, até maldoso — apenas por pouco tempo. Não sei qual é a relação entre isso e ser adulta; ou entre isso e meu trabalho. Escrever, em certo sentido, é assumir para si a possibilidade da antipatia, de um olhar que nos ataca em nossas fragilidades, nos retalha. É assumir o esforço de se mostrar frágil esperando sempre, como resposta possível, também a violência: porque o pensamento em palavras, o pensamento impresso, está só, indefeso, não é protegido pela presença do autor, assim como, em geral, o antipático não é protegido pelo reconhecimento de sua luta cotidiana, que para quem o olha com antipatia parece negligenciável ou até insignificante — ilusão de ótica da aversão.

Por outro lado, comecei a me permitir correr o risco de ser antipática quando soube (graças à literatura, que me mostrou o quanto as antipatias são perdoáveis) que os limites da minha identidade não estavam ameaçados pelos olhares tortos, mesmo que às vezes assim me parecesse. Só acolhi a possibilidade desses olhares à medida que compreendia os riscos, ainda mais graves, do vício de ser simpática a todo custo, no qual eu tinha me acomodado por muito tempo, tornando-me talvez ainda mais antipática com minha obstinação em esconder a fragilidade, por prudência ou medo.

Ira funesta ou ira molesta?

«Sus! Filippo Argenti!»,
uivam dolentes,
e o florentino espírito bizarro,
contra si mesmo então volvia
os dentes.[43]
—— Dante

As pessoas lembram com ternura as primeiras palavras das crianças, os primeiros sons identificáveis no meio de longas litanias experimentais — e há mães e pais que disputam, com os ouvidos apurados, qual dos dois foi o primeiro a ser evocado e qual é o mais presente naquelas intermináveis séries de nasais balbuciadas: ma-ma-ma-ma, pa-pa-pa-pa.

Se a literatura grega — da qual, por vias tortuosas e atravessando mil contaminações e sincretismos, surgiu nossa tradição literária — fosse uma criança, isto é, digamos, um antepassado nosso, e tivéssemos que lembrar sua primeira palavra, bem, essa palavra seria nada menos do que: «ira».

É a primeira palavra do primeiro verso do proêmio da *Ilíada*: Μῆνιν ἄειδε θεά, *ménin àeide theà*; ou seja, literalmente: «a ira canta, deusa». Μῆνιν é o acusativo de μῆνις, *ménis*; que significa «ira». A épica inicia com uma bela explosão de cólera, um estouro em grande estilo, de consequências fatais: se Aquiles não tivesse se enfurecido tanto com Agamêmnon, provavelmente a Guerra de Troia, que já

---

43. Dante, *Inferno*, canto VIII, vv. 61-63, p. 89. [N.T.]

estava em curso havia um tempo, teria tido outro desfecho, e não a conheceríamos como Homero a conta. É Aquiles, por raiva, quem coloca em movimento a narração: agrava a ferocidade da guerra com a obstinação em manter suas posições, recusa-se a combater mesmo após a deflagração da cólera. Está tão enfurecido que não cede um milímetro, e pouco lhe importam as repercussões de sua raiva. Porque é a raiva de um homem que não apenas se vê privado do que é seu, mas, sobretudo, que se sente ofendido em público, numa sociedade que dá à ofensa um peso para nós difícil de conceber.

O motivo da reação irada de Aquiles, para dizer a verdade, também nos parece bem mais bizarro do que deveria parecer aos ouvintes dos aedos, habituados a ouvir cantar os feitos dos heróis capazes de chorar com verdadeiro desespero a morte de amigos como Pátroclo, mas também de ostentar uma serenidade olímpica no tratamento de algumas mocinhas à semelhança de um belo escudo ou de um elmo — ou seja: espólios que pertencem ao vencedor. Nesse caso, a mocinha reivindicada pelo possesso Aquiles como coisa devida chama-se Briseida, faz parte de seu butim de guerra, e, portanto, lhe pertence, por direito: é a sua escrava preferida. Olhando a questão com os olhos de hoje, vem a tentação de se indignar sobretudo com a ideia de uma jovem tratada como troféu e propriedade, mas naquela antiga lógica guerreira as coisas funcionavam assim, e, aliás, ainda que a literatura nos ofereça a possibilidade de nos espelhar em mulheres e homens imaginados por outras mulheres e outros homens em tempos muito remotos, também é verdade que a história molda usos e costumes como a água faz com as rochas, mudando o aspecto de muitas coisas. Por isso, se observarmos a ira de Aquiles levando em conta as prescrições que regulavam as relações internas do campo dos aqueus — um exército de reis e de príncipes, todos do mesmo grau, que se precipitaram sobre Troia para defender a honra de um deles, Menelau, o rei de Esparta, sob o comando de um *primus inter pares*, Agamêmnon, irmão de Menelau —, ela é mais funesta que desproporcional: sem dúvida, como diz a tradução, «mortífera!, que tantas dores trouxe aos Aqueus/e tantas almas valentes de heróis lançou no Hades»;[44] tem consequências tremendas em termos de perdas humanas, visto que o exército grego acaba dizimado. Entretanto, pela moral arcaica que regulava as relações entre aqueles reis beligerantes, o comportamento de Aquiles é perfeitamente legítimo. Agamêmnon arroga-se o direito de lhe tirar a escrava preferida? Bem, Aquiles não pode se deixar ser pisado, e pouco importam as consequências de sua represália: do seu ponto de vista é totalmente lícita a raiva que se transforma na obstinação de não combater, uma espécie de greve bélica que priva o exército de seu campeão mais forte. É a reação a uma injustiça manifesta, à prepotência de Agamêmnon que abusa de seu poder pondo em risco a reputação do semideus Aquiles, o qual, com sua ira, quer resgatar a honra — e o faz, deve fazê-lo, à custa de impulsionar uma cadeia infinita de calamidades.

A raiva de Aquiles explode como uma paixão sanguínea, arrebatadora; mas também tem um reflexo mais racional, que é o que a faz durar no tempo, e a transforma em mecanismo narrativo: a certeza de estar do lado certo.

---

44.   No original: como diz a tradução inesquecível de Vicenzo Monti, «infiniti addusse/ lutti agli Achei, molte anzitempo all'Orco/ generose travolse alme d'eroi». Ed. bras.: *Ilíada*, tradução e prefácio Frederico Lourenço. São Paulo: Penguin & Companhia das Letras, 2013, p. 89. [N.T.]

Aquiles não cede, porque não duvida de suas razões, nunca, nem mesmo diante do massacre — não até que o assalte uma outra raiva, ainda mais potente, porque impregnada de dor pelo assassinato do amigo que mais ama, Pátroclo. Espinosa, na *Ética*, sustenta que não existe paixão que possa ser superada pelo discurso racional — apenas outra paixão mais intensa é capaz disso. E é isso que acontece com a ira de Aquiles. Não há nada que o «faça ser racional», não há água que apague o fogo de sua cólera; apenas com o ardor de uma raiva maior, mais intensa, mais dolorosa, ele retrocede no propósito de não combater mais.

Para nós, não é muito simples compreender a firmeza com que Aquiles exige uma reparação que o compense da afronta de Agamêmnon: nós o observamos a uma distância de muitos séculos, e sobretudo através do filtro de uma estrutura social completamente diversa. A sociedade dos aqueus em guerra contra Troia era uma «sociedade da vergonha»,[45] ao contrário da nossa, baseada no predomínio do conceito de culpa, de uma responsabilidade pessoal perante um tribunal interior.

No quadro de uma sociedade da vergonha, isto é, em um contexto no qual a avaliação das próprias ações e do próprio prestígio tem uma componente «pública» preponderante que nasce do juízo, da estima e do respeito dos outros, uma ira como a de Aquiles, que explode em resposta a um ultraje evidente, tem sua lógica e motivações bem claras, que até a razão reconhece: serve para reparar a inversão de

---

45.   Para usar a definição cunhada pela antropóloga Ruth Benedict em seu clássico de 1946, *O crisântemo e a espada*, em referência a modelos culturais japoneses, mas delineando um paradigma que se aplica igualmente bem à Grécia Antiga.

uma relação de poder, restaurar a honra manchada. Para nós, que a lemos através do filtro da nossa «sociedade da culpa», devem-se ressaltar, sobretudo, as consequências da cólera do herói: nela se petrifica a alusão aos infinitos lutos causados aos aqueus por aquela ira que aos olhos de quem vivia na Grécia de Homero e de seus epígonos merecia certo respeito.

Mesmo sendo uma paixão tão marcada no nível social, ligada ao senso da injustiça e às regras internas de uma comunidade, a ira tem também outra face: um aspecto animalesco, ingovernável, primordial. A outra face da moeda é um rosto de Górgona agressiva, potencialmente louca, que paralisa no terror o objeto da sua explosão.

E não é um traço moderno, longe disso: pois, por mais que as sociedades mudem, aquilo que chamamos natureza humana, e que também tem a sua inegável componente de construto social, mantém algumas constantes. Como a força da ira quando é desencadeada, como o efervescer selvagem que não ouve a razão. Em *Ájax* de Sófocles, desde os primeiros versos somos assaltados pela proximidade entre raiva e loucura cega — não obstante se trate, ainda assim, de uma ira antiga, arcaica na ambientação quase tanto quanto a de Aquiles (mesmo que entre Homero e Sófocles haja, por baixo, ao menos três séculos). Ájax enlouquece de raiva justamente porque lhe foram negadas as armas de Aquiles, que segundo ele lhe pertenciam por direito. A sua ira é acesa por um rastilho não muito diferente daquele que inflamava seu companheiro de armas no início da *Ilíada*; também em *Ájax*, raiva e honra (τιμή, *timé*) mantêm uma conexão forte, e mesmo assim... Mesmo assim, em relação à ira de Aquiles, a de Ájax, que também nasce de um agravo, ou melhor, de uma recompensa negada, é muito mais bestial; aliás, tão louca e sangrenta que se torna grotesca.

Vítima do encanto que Atena lhe infligiu, não sem sadismo, Ájax fica cego de raiva: e isso não é força de expressão. Não vê, literalmente, o que faz: massacra um rebanho de ovelhas e carneiros convencido de estar matando os átridas. A tragédia se inicia com um diálogo entre Atena e Ulisses, que, sempre sábio (ou melhor: astuto), tenta manter certa discrição para não atrair a atenção de Ájax, ao menos enquanto é vítima da fúria que o enlouquece («Demente homem face a face temes ver?», pergunta-lhe Atena, e ele responde, sem rodeios: «De fato, se estivésse são não o evitaria»).[46] A honra de Ájax, nesse caso, não é em absoluto resgatada pela raiva que, na verdade, faz dele uma besta: caberá a ele livrar-se dela, limpar a infâmia de seu nome, com um gesto que, determinado como é por uma lógica de vergonha, lembra muito o *seppuku* do samurai japonês: um suicídio reparador.

Na Bíblia não faltam cenas de ira descontrolada — nem mesmo o Deus do Antigo Testamento parece estar imune a ela. A ira de Deus não é apenas uma expressão: uma cólera sacrossanta como a de Moisés que surpreende seu povo em adoração ao velocino de ouro, embora seja sem dúvida menos grotesca que o ímpeto de Ájax, aterroriza do mesmo modo. O potencial destrutivo da ira aflora rápido.

Diz-se que uma pessoa enfurecida perde as estribeiras, o controle, o rumo, a cabeça: há milhares e milhares de expressões que dizem o quão forte é o poder esmagador da cólera, e o quanto uma pessoa tomada pela ira se

---

46.   Sófocles, *Aias*, apresentação e tradução Flávio Ribeiro de Oliveira. São Paulo: Iluminuras, 2008, vv. 81-82, p. 61. [N.T.]

perde. A sintomatologia da raiva é clara: trata-se de uma emoção que pode ter consequências deletérias. Dominá-la, canalizá-la de modo a desarmar sua força nefasta, é tudo menos fácil. Desde sua primeira viagem a Roma, Sigmund Freud fica profundamente perturbado diante da grandiosa representação da cólera reprimida que ele percebe na escultura de Moisés de Michelangelo, na belíssima igreja de San Pietro in Vincoli, a dois passos da via Panisperna («Quantas vezes subi a íngreme escadaria que leva da infeliz via Cavour à solitária praça onde emerge a igreja abandonada!»). Escreve, muitos anos e viagens depois, em uma carta ao amigo Edoardo Weiss:

Por três semanas solitárias em setembro de 1913, todos os dias fui à igreja contemplar a estátua e a estudei, mensurei, desenhei, até capturar a centelha de compreensão que mais tarde, no ensaio, só ousei expressar permanecendo anônimo. Foi preciso muito tempo até que eu conseguisse legitimar esse filho nascido fora da psicanálise.[47]

O ensaio a que Freud se refere, «O Moisés de Michelangelo», publicado anonimamente em 1914 na revista de cultura psicanalítica *Imago*, desenvolve um rasgo de intuição de seu autor, uma intuição que a perícia de historiadores da arte só confirmaria muitos anos depois: a cabeça de Moisés foi rotacionada pelo virtuosismo de Michelangelo, que desejava que o mármore interceptasse a luz de uma janela mais tarde fechada. A partir desse artifício técnico, embora sem provas, Freud alerta para a força expressiva e simbólica: em Moisés vislumbra a figura de um líder e de um pai ferido que mantém sob controle uma raiva poderosa por

---

47.   S. Freud, «Peccato che non si possa vivere sempre qui», in *Lettere da Roma*, org. F. Castriota, G. Monniello e M. G. Vassallo. Roma: Lozzi, 2012.

meio da tensão de cada músculo; uma tensão proporcional à força da cólera — até a mão deformada pela pressão com a qual segura as tábuas das leis que, se por um instante aquele autocontrole cedesse, se partiriam em mil pedaços. Mas o risco aparece — e por isso é tão desconcertante — apenas no incômodo de resistir que os músculos de mármore revelam, em sua resistência à explosão, no esforço de que nada aconteça.[48]

Para os temperamentos irascíveis, além da representação plástica de Michelangelo, muitos conselhos úteis — ainda por cima escritos com mão estoica, o *non plus ultra* no controle das paixões — podem ser encontrados em *Sobre a ira* de Sêneca. Ele insiste, para começar, no aspecto bestial do iracundo («A ira, como dissemos, é ávida de castigo, e residir esse desejo no peito tão afável do homem não está de modo algum em conformidade com sua natureza. A vida humana consiste nas ações benéficas e na concórdia e, não pelo terror, mas pelo amor mútuo, ela é compelida à aliança e ao auxílio comum.»)[49]; e depois se deleita pintando um retrato de Calígula como uma besta selvagem. Segundo

---

48. «O Moisés de Michelangelo é representado sentado; em relação ao corpo, a cabeça com a imponente barba está virada para a esquerda, o pé direito apoia-se no chão e a perna esquerda está erguida de modo que apenas a ponta do pé toca o chão. O braço direito une as tábuas da lei a uma parte da barba, o braço esquerdo jaz no colo. [...] Na minha opinião não se pode caracterizar melhor a expressão do rosto de Moisés a não ser com as palavras de Thode, que nele vê 'um misto de ira, dor e desprezo: ira nas sobrancelhas, dor no olhar e desprezo no lábio inferior protuberante e nos cantos da boca caídos'»: cf. S. Freud, *O Moisés de Michelangelo*, org. S. Daniele. Turim: Bollati-Boringhieri, 1977.

49. Sêneca, *Sobre a ira. Sobre a tranquilidade da alma*, tradução, introdução e notas José Eduardo S. Lohner. São Paulo: Penguin Classics Companhia das Letras, 2014.

Sêneca, o melhor modo para se desvencilhar das espirais da raiva é voltar-se para a introspecção, olhar para dentro de si, considerar a própria condição mortal.

Não é somente Sêneca que desconfia da ira, e que abandona a convicção defendida por, dentre outros, Aristóteles, de que possa existir uma cólera «justa», «virtuosa», que às vezes a raiva é a única reação possível para o homem de honra entendido do modo grego, o homem de τιμή, digamos — contanto que obviamente se atenha ao limite do «meio-termo» tão caro à ética antiga.

A partir da transição, impregnada de sincretismo clássico-cristão, da Antiguidade à Idade Média, a ira carregaria uma reputação infame: nas classificações da escolástica aparece como um dos pecados capitais. Além disso, é um caso único entre os setes pecados capitais, que em sua versão mais excessiva são em geral cômicos: a ira, porém, quando exagerada, não causa riso. Causa medo. O guloso pantagruélico é ridículo, assim como o avarento obcecado pelos gastos, perfeito personagem de comédia, zombado a torto e a direito, de Euclião de Plauto ao avarento Harpagão de Molière, até Carl Barks, que cria o Tio Patinhas; faz rir o erotomaníaco, cujo pecado o torna frágil, assim como faz rir o indolente, o preguiçoso crônico; faz rir também o soberbo que se julga o melhor, e até o invejoso patológico que, coitado, espia os sucessos dos outros. Mas o iracundo, ultrapassado certo limite, não faz rir de jeito nenhum, é uma ameaça, um perigo: a ira desmedida, sanguínea, que pega fogo num piscar de olhos, assusta. E com razão, pois há uma violência que instintivamente aterroriza quem a adivinha prestes a rebentar. O iracundo, como todo pecador, padece com sua fragilidade; ademais, ele é condenado a explorar as contradições de uma agressividade dúplice — voltada contra quem o enfurece, mas também contra si mesmo: até fora do quadro social que arrasta Ájax ao suicídio, quem cede demais ao fervor da raiva é obrigado a sofrer as penas da vergonha, da indignação, do ressarcimento sempre imperfeito oferecido pela vingança.

Com pinceladas bem definidas, Dante, notável retratista, traduziu em vivas estátuas poéticas as categorizações de pecados e culpas que a teologia medieval herdara da reescritura escolástica de Aristóteles; e, ao fazê-lo, não perdeu a oportunidade de se vingar de uns desafetos. Filippo Argenti, «o florentino espírito bizarro», e não no sentido de extravagante, mas de descontrolado como um cavalo louco, descendia de uma família que havia muito se opunha à dos Alighieri. Dante o aloja, sem muita cerimônia, no Inferno, no quinto círculo: o seu duplo de peregrino, escoltado por Virgílio, encontra-o bem no meio do rio Estige, num pântano escuro no qual está imersa inquietante «gente enlameada». Todos nus como vermes, com as faces escuras, estão condenados a repetir ao infinito uma ação tão inútil quanto violenta:

Não era seu bater-se manual,
Mas com a testa e o peito e com os pés,
Espedaçar-se a dente bestial.[50]

No canto seguinte, por desejo do próprio Dante, o desventurado Argenti é «imerso» no caldo, onde todos logo vão hostilizá-lo enquanto ele, como é de costume dentro do

---

50.   Dante, *Inferno*, VII, vv. 112-114, p. 85. [N.T.]

pântano, morde-se sozinho: «contra si mesmo então volvia os dentes».

Outro notável raivoso mordaz da *Divina comédia* é o impostor Gianni Schicchi, condenado ao oitavo círculo: Dante o encontra no canto xxx, aponta-lhe certo Griffolino, seu companheiro de pena, originário de Arezzo:

E o Aretino que ficou, tremendo,
me disse: «O diabrete é Gianni Schicchi,
e vai raivoso os outros espancando».[51]

«Diabrete» [*folletto*] não significa aqui espírito dos bosques, mas o demônio — que é, aliás, a matriz dos burlescos habitantes dos bosques no folclore que anima as fábulas. E Griffolino, quando diz «e vai raivoso os outros espancando», faz referência ao espetáculo que havia pouco se apresentara aos olhos de um desconcertado Dante: duas sombras «pardas e nuas» que se perseguem e se mordem, como faz o porco «que é largado do aido às ruas».[52]

O tema da mordida e da bestialidade tem uma relação com a sintomatologia da raiva. Que não é unicamente paixão e pecado, mas também doença: «raiva» — *rabies* em latim, provavelmente de uma raiz ligada ao sânscrito *rabhas*, «violência» — é o nome técnico de uma doença real, uma inflamação infecciosa do cérebro que pode acometer todos os mamíferos e, portanto, também o homem, e o cão, o mais temido e o mais conhecido transmissor dessa doença,

---

51. Dante, *Inferno*, xxx, ed. italiana, org. R. Mercuri. Turim: Einaudi, 2021, vv. 31-33. Em italiano: «E l'Aretin che rimase, tremando/ Mi disse: «Quel folletto è Gianni Schicchi,/ E va rabbioso altriu così cociando». [N.T.]
52. Dante, *Inferno*, xxx, v. 27, p. 269. [N.T.]

talvez pela contiguidade evolutiva com os humanos. Como o escorbuto, a raiva apresenta uma sintomatologia atribuída a um estado patológico real: agressividade, espuma na boca, dentes à mostra. Temos testemunhos de leis promulgadas na Mesopotâmia de cerca de 1930 a. C. para obrigar os donos de cães que a manifestassem a tratar os sintomas da doença. Um manual médico indiano de 400 a. C. descreve a condição do doente de raiva comparando-a a «uma perda das faculdades humanas».

É — eu me pergunto — o aspecto ferino da raiva que me assusta tanto, que me impele a reprimi-la de maneira (quase) absolutamente inconsciente? Faço isso para permanecer humana, ou porque tenho medo de ser humana — de ser como os outros, como todos, de por vezes deixar à vista os limites de minha identidade, de me mostrar frágil, de me desmascarar?

Infinitas vezes me perguntei por que não sei ficar furiosa. Para começar a entender, tive de chegar às raízes bestiais da raiva. Para que pudesse compreender, foi preciso que um cão me mostrasse o caminho: Cujo, o são-bernardo aterrorizante com baba na boca e o cérebro transformado em mingau, que sem querer, só porque contraiu o vírus, aterroriza uma jovem mãe e seu filho nas 380 páginas muito tensas do romance homônimo de Stephen King. Com frequência ouço de quem ainda me conhece pouco e me vê reagir às contrariedades com um sorriso, ou manter a paciência diante das provocações, que sou uma pessoa boa, mas eu sei que não é bem assim. Não é bondade, é repressão. Tenho medo da minha raiva, eu a retenho. Eu me sinto no direito de exercitá-la só por meio de terceiros; uma vez dei um soco na parede, com raiva por uma amiga ter sido repreendida injustamente. Assistir a uma injustiça escancarada me acende

116

uma cólera profunda, que — esta sim — sinto o direito de exprimir, com todo o embaraço de uma pessoa que não tem a mínima familiaridade com o sentimento: devo ser ridícula, ao contrário dos majestosos iracundos profissionais; devo causar riso quando minha voz fica presa na garganta. Na ocasião do soco na parede, já que o episódio aconteceu também no período em que eu trabalhava para uma *maison* de moda, a coisa acabou assim: a pessoa que me deixou com raiva permaneceu completamente alheia à minha reação, meu dedo mindinho inchou uma barbaridade e acabei sendo consolada pelo pessoal do *catering*, que me socorreu enfiando minha mão num gigantesco balde de champanhe cheio de gelo. Eu chorava e ria; hoje, quando lembro, só rio.

Mas agora me pergunto se teria dado um soco na parede por mim. Caso se tratasse apenas de mim (é óbvio que de qualquer forma se tratava de mim; na época, porém, procurei não deixar isso claro), eu me teria permitido? Acho que não — pelo mesmo princípio pelo qual fico feliz se gasto uma fábula para dar um presente, porém jamais sonharia em gastar idêntica quantia comigo.

Eu tive a prova nas únicas ocasiões em que de fato fiquei com raiva não por outros, mas por razões apenas minhas, diria íntimas: foi sempre só porque senti invadidos os limites da minha pessoa — ou melhor, sejamos francos: do meu corpo.

Ocorreu quando algum desconhecido se esfregou em mim no ônibus, quando no trem um homem sentado na minha frente começou a se masturbar e, tranquilo, continuou mesmo sabendo que eu o estava vendo. Quando, há alguns anos, em Chipre, certa noite um cara muito gentil enfiou do nada a mão debaixo do meu vestido; quando homens que tinham «entendido mal» partiam para cima de

117

mim, justificando o gesto por causa da minha linguagem corporal. Senti raiva, todas vezes; uma raiva revoltante, um desejo de responder o mal com o mal. Mas — e esta é a coisa que agora mais me machuca admitir —, em seguida, todas as vezes, passado o perigo, eu hesitei. Pensei que talvez eu tivesse dado sinais errados. Que era culpa minha. Que não deveria ter: sorrido, me vestido daquela forma, parado para conversar, confiado. Que vista de fora podia parecer: disponível, fácil, receptiva. Que... Um milhão de outros «quês» impossíveis de expor aqui, por um motivo muito simples e muito ligado, como demonstra a história de Aquiles, à raiva: tenho vergonha.

Tenho vergonha porque não sei sustentar minhas razões, e não sei sustentá-las porque tenho vergonha. Não sei brigar com raiva; em vez disso me reprimo, me fecho em mim mesma. E sei muito bem o quanto isso pode ser perigoso: como um vinho puro demais, uma ira não expressa, reprimida, com o tempo pode azedar nos vapores do ressentimento. Ou perdurar, por um tempo igualmente imenso, na frieza da ofensa: uma fase de raiva diversa, gélida, passiva (ou, melhor dizendo, passivo-agressiva), na qual se condensa, obstinada, a demanda por uma satisfação pública à ferida infligida à própria imagem social. Se me dizem que sou suscetível, eu me ofendo: sei, portanto, que é verdade, por mais que procure dissimular. Tenho dificuldade em sustentar meus pontos de vista apenas quando eles dizem respeito, profundamente, a mim, mas não quando se trata de discutir sobre algo que não tem uma relação direta comigo. Do que tenho vergonha? De estar errada, talvez, de me perder? Tenho medo de ser passível de crítica, de falhar, de me mostrar imperfeita, carente? Talvez. Talvez eu apenas tenha tanto medo de não ser compreendida (que não acreditem em mim?) que tendo a não me expor; cultivo um senso de decepção preventivo com o qual me protejo da possível dor de não ser escutada. Me especializei em ignorar minhas razões e minhas necessidades, em não deixar que sejam notadas, porque temo que, se as expusesse a quem eu gostaria que se encarregasse delas, talvez elas não fossem escutadas: e quanta vergonha eu sentiria então? Pior do que Aquiles com Briseida! Assim, prefiro transformar meu medo em profecia autorrealizada, realizo-a eu mesma, torno invisível minha necessidade, não digo nada, escondo-a. Mas conseguirei avançar assim por quanto tempo? Sem dúvida é um problema de falta de confiança, enraizada, premente; um dos motivos pelos quais não me considero pronta para ser mãe. Que mãe eu seria, se nem sei ficar com raiva?

Só quando era o caso de defender, literalmente, os limites da minha pessoa, senti subir dentro de mim a raiva: reluzente, fortíssima, ofuscante. E eu logo tratei de aplacar.

Sem dúvida também tem a ver com o temperamento: segundo a teoria dos humores que Galeno no século ii d. C. retoma de Hipócrates, ampliando-a, o colérico tem um excesso de bile amarela (diferente da bile negra do melancólico), o fleumático de fleuma e o sanguíneo, logicamente, de sangue. Eu, se tivesse de fazer meu próprio diagnóstico, acho que me incluiria entre os fleumáticos: preguiçosos, lentos, serenos e talentosos (não sou eu quem diz, é Galeno!), com algumas incursões pela melancolia. Devo ter pouca bile amarela, pelo que me parece, por mais que a descrição galênica do colérico soe agradável, afinal de contas, quase desejável: o colérico é magro, enxuto, de boa aparência; irascível, suscetível, sim, mas também esperto, generoso e soberbo. Enfim, não é de todo mau; a iracúndia deve pelo menos fazer bem à pele.

Hoje — na genérica indulgência que o afrouxamento dos aspectos mais repressivos da «boa educação» concede às manifestações consideradas espontâneas, imediatas e «passionais» dos sentimentos que nos atravessam —, a ira é vista com uma condescendência compreensiva que a torna bastante atraente, sobretudo quando passa por uma atitude que, embora agressiva nas intenções, revela-se em geral inócua, como um vulcão adormecido; nós a percebemos então quase com simpatia (sobretudo — não posso deixar de observar — se quem mostra essa atitude irritável é homem; porque quando é mulher, Deus do céu!, basta pouco para ser considerada histérica, e adeus teoria dos humores). Como se fosse uma fraqueza entre muitas, o traço típico de um caráter impetuoso e apaixonado, que logo pega fogo.

Em todo caso, pode ser insegurança, um olhar masculino interiorizado, excesso de fleuma ou de bile negra, mas é mais forte que eu: não fico com raiva e sofro com isso. No dia em que conseguir me enfurecer de verdade, espero pelo menos conquistar a invejável silhueta e a esplêndida tez galênica.

Inveja: o olho e o mau-olhado

Olhando bem, descobre-se que no desprezo há um pouco de inveja secreta. Considerem aquilo que desprezam e perceberão que é sempre uma felicidade que não têm, uma liberdade que não lhes concederam, uma coragem, uma habilidade, uma força, vantagens que lhes faltam, e de cuja falta se consolam com o desprezo.

— Paul Valéry

Uma das lembranças da infância que mais me atordoam é o medo que eu tinha da inveja. O mito de Andrômeda me aterrorizava: ela acabou acorrentada a um rochedo, exposta seminua (eu a tinha visto numa reprodução do quadro de Rembrandt) aos salpicos das ondas, às mandíbulas de um dragão-marinho, apenas porque sua mãe Cassiopeia havia sido muito imprudente ao vangloriar-se da própria beleza, comparando-se às nereidas e inclusive sustentando ser a mais atraente das ninfas. Quem pagou foi a filha; e na minha fantasia de menina, depois que me contaram a história, deve ter se desencadeado algum curto-circuito: quando passeava com a minha mãe e alguém me elogiava — que olhos tem esta menina, ou que rostinho, ou alguma outra coisa do repertório adulador —, eu suspirava de alívio assim que minha mãe cortava logo. Estava a salvo da inveja dos deuses, eu me dizia; uma ameaça que só conhecia por meio dos mitos que me contavam, mas que na minha cabeça adquiria uma concretude assustadora. Não aprendi a aceitar elogios; se alguém me diz uma coisa gentil, me retraio como se tivesse sido picada por uma serpente.

Meu medo da inveja é tamanho que fiquei tentada a excluí-la desse pequeno guia das emoções, sem nem mencioná-la; fui obrigada a reconsiderar, é claro. Por um lado, não podia arriscar incorrer no mesmo erro do rei e da rainha da *Bela adormecida*, de Charles Perrault. Os dois, incautos, esqueceram-se de convidar a bruxa malvada para as comemorações do nascimento da herdeira, e coisas terríveis aconteceram: pagaram caro por isso, pois a vingança da excluída, francamente exagerada, abateu-se sobre a princesa, mocinha curiosa e desprovida precisamente do afeto com o qual os pais tentaram protegê-la da profecia da bruxa: a princesa espetaria o dedo no fuso de uma roca, e então cairia num sono de sinistra semelhança com a morte. Para evitar a tragédia, foram confiscadas e queimadas todas as rocas do reino; mas é evidente que uma escapou do controle. E por culpa daquela única roca (e pela ignorância da princesa, que não sabia, por nunca ter visto nada parecido, o que era aquele dispositivo), o vaticínio da bruxa suscetível se cumpriu.

Não posso, e não quero, arriscar sorte semelhante por negligenciar a inveja: até porque é uma emoção vingativa, talvez a mais vingativa de todas. E se parece que estou me comportando como neurótica, ou melhor, como supersticiosa, isso não deixa de ter certa verdade. De fato, a proximidade entre inveja e superstição é atestada até pelo nome.

Inveja vem do latim. A palavra, quero dizer, porque o conceito, ao contrário, é muito mais antigo do que a invenção da língua latina. *Video*, em latim, significa «ver», «olhar»; aquilo que fazem os olhos. O prefixo *in-*, que neste caso significa «sobre», indica um olhar carrancudo, carregado de rancor. Invejar quer dizer «olhar torto», «olhar oblíquo». Há um tema arquetípico, antiquíssimo, no olhar torto da inveja. A ideia é que dos olhos pode se irradiar um encantamento potencialmente destrutivo — como? Com a força de um desejo aniquilador. É uma ideia que atravessa muitas línguas, muitas culturas; afirmou-se na noite dos tempos — quando a magia parecia um modo perfeitamente legítimo de explicar certos fenômenos — e ainda hoje nos parece, apesar de tudo, familiar, se nos detivermos nas palavras que estamos acostumados a usar sem refletir muito. O olho que olha com maldade, o olhar que lança um feitiço perigoso, encontra-se em expressões disseminadas um pouco por todo o mundo, traduzidas em geral por «olho gordo», «mau-olhado», «olhar feio»; às vezes, basta mencionar o «olho» para subentender esse maligno poder do olhar. Em grego, por exemplo, o ato de maldizer por meio dos olhos (μάτι, *mati*) é o μάτιασμα (*matiasma*); em hebraico, ʻ*ayin haʼra* significa «mau-olhado». Em árabe, ʻ*ain al hasoud* é «o olho da inveja».

Existe uma expressão persa que poderia ser traduzida literalmente por «olho salgado»: ou seja, o olhar que pode ferir, fazer mal. Em espanhol, *echar mal de ojo* («fazer o mal com o olho») corresponde a «lançar um mau-olhado» em italiano — o que em Nápoles se diz *uocchie sicche*, «olhos secos», referindo-se a um olhar capaz de fazer as plantas secarem. A esse respeito, a inveja é o exato oposto da felicidade. A felicidade em latim é *felicitas*, qualidade que se atribui também ao terreno: um terreno *felix* é «fértil» (e o adjetivo relaciona-se, por sua vez, ao grego φύω, «produzo», «gero»). Felicidade, portanto, é abundância fecunda, um estado capaz de germinar, aumentar, dilatar, enquanto a inveja entristece, drena. A felicidade alarga o coração; a inveja o resseca, torna-o frágil aos impactos. A felicidade é um sorriso que fecunda, a inveja é o olhar que petrifica a vida no entorno.

A díade inveja/mau-olhado é uma força destrutiva e potente, baseada no laço ancestral entre uma emoção complicada de reprimir e o encantamento de um sortilégio nos trinques. Em certas regiões da Itália, ainda vivem algumas avós que «tiram a inveja» (entendida como sinônimo de «mau-olhado») por meio de rituais complexos, transmitidos há séculos, rituais adivinhatórios e apotropaicos nos quais o óleo e a água se comportam de maneiras antigas e imprevisíveis.

Mas a relação entre inveja e olhar, entre inveja e olho, nos diz também outra coisa, além da singularidade mágica dessa emoção que carrega um passado de pecado capital. Fala da dor do invejoso; de sua incapacidade de se dominar. Aliás, os pecados capitais falam, em geral, do controle que escapa: e então acaba-se comendo demais, zangando--se demais, cobiçando, tornando-se preguiçoso de modos vergonhosos.

E o invejoso é escravo dos próprios olhos.

Olha por cima, olha de esguelha, *olha feio*; resumindo, não consegue não olhar. E se o olhar dele, no momento em que encontra o do invejado, está tão carregado de ódio que o invejado se sente ameaçado, é porque o invejoso não consegue deixar de, com aqueles seus olhos maldosos, ver. Não lhe escapa nada das venturas das quais se sente excluído; são estas, aliás, que o atormentam. Por isso é digno de compaixão; é quase ridículo, embora inquietante. Por que não com ele? Por que o belo, o rico, o feliz, o amado, não é ele? Poucos pensamentos, creio, podem ser mais torturantes do que esse sentimento de exclusão injusta, que, a seu modo, o invejoso justifica a posteriori com um comportamento odioso, ou falso, ou ambíguo. Como uma criança que faz birra: se não teve o que deseja comportando-se, então mais vale bater o pé, berrar, incomodar todo mundo. Enquanto não obtiver — que injustiça! — o que os outros desfrutam injustamente; seja uma casa mais bonita ou um jardim com a grama mais verde. Quem porventura teve sorte uma vez, parece-lhe um sortudo atrevido a se gabar, que esbarra em trevos de quatro folhas e cédulas encontradas no chão. E eu?, diz o invejoso. E se compara, e se acha empobrecido pela comparação. Os outros lhe parecem mais ágeis, mais agradáveis, mas atenção: não porque ele gostaria de ser tão atraente quanto os invejados; ao invejoso, bastaria que os outros não o fossem tanto. Ele não pretende conquistar um corpo perfeito, não pretende melhorar, não tem a intenção de ganhar nada: satisfaz-se com o fato de que ninguém, ao redor, esteja melhor do que ele.

Como um ciumento diz à pessoa que ama «se não for minha, não é de mais ninguém!», o invejoso também é um estraga-prazeres, mas não porque tenha algum interesse particular em arruinar momentos felizes: só por temer continuar excluído das festas dos outros. Se ele não se diverte, que ninguém mais se divirta. Queria tanto que as vantagens de todos diminuíssem um pouco, aquele pouco que basta para baixar ao nível no qual ele estima que as suas estão. E, é óbvio, quanto mais baixa sua autoestima, mais ele sofre com a diferença que imagina entre si e os outros, e que é bem possível que esteja só na sua cabeça.

Talvez o paradoxo mais cruel da inveja seja o de não visar obter nada; é um sofrimento totalmente gratuito, não se trata nem mesmo de fuga, pois o invejoso permaneceria sempre na mesma situação, mesmo se aquele que parece gozar de privilégios imerecidos perdesse o que tem.

Enquanto isso, porém, o pobrezinho sofre: sofre horrores com a comparação. Sofre porque ela não tem explicação, e sofre, portanto, com a intensidade desesperada, teimosa, das crianças que não se sentem amadas o bastante, e se creem rejeitadas. Surpreendo-me a pensar que é não por acaso que Caim, invejoso ancestral, tem inveja de seu irmão — como crianças. Até porque, para dizer a verdade, não havia muita escolha naqueles primórdios da humanidade; de que outros teria podido sentir inveja? Não de seus pais, os únicos seres humanos vivos naquele momento: porque a inveja, diz aliás Aristóteles na *Retórica*, nós a sentimos por quem consideramos nossos pares; um par nosso, injustamente elevado em relação a nós. É uma paixão que se desencadeia na base de uma semelhança: se nem os deuses do Olimpo foram imunes a ela, é porque, apesar da natureza divina, eles tinham muito em comum com os homens, inclusive um punhado de fraquezas (e, por vezes, sobretudo graças àquele Zeus sedutor, até alguns filhos). De fato, sentiam um tipo particular de inveja por aqueles homens que davam a impressão de se aproximar demais deles — e, valendo-se de sua potência sagrada, tratavam de aniquilá-los. A inveja dos deuses (φθόνος τῶν θεῶν, *fthònos, tòn theòn*), que combina bem com o ideal ético do equilíbrio, do meio-termo do qual não se deve se afastar para não a provocar, não perdoa; ainda que nos heróis que ousaram desafiá-la, como Prometeu que roubou o segredo do fogo por amor à humanidade, não possamos deixar de ver, por outro lado, uma forma de grandeza que os destaca como figuras majestosas. Capazes, pela audácia e ambição, de incomodar até as divindades.

Mas veja como sofre Caim, que não tem nenhuma intenção de competir com os pais e tampouco com Deus, mas sim com seu irmão, segundo o livro do *Gênesis*:

O homem conheceu Eva, sua mulher; ela concebeu e deu à luz Caim, e disse: «Adquiri um homem com a ajuda de Iaweh [Deus]». Depois ela também deu à luz Abel, irmão de Caim. Abel tornou-se pastor de ovelhas e Caim cultivava o solo. Passado o tempo, Caim apresentou produtos do solo em oferenda a Iaweh; Abel, por sua vez, também ofereceu as primícias e a gordura de seu rebanho. Ora, Iaweh agradou-se de Abel e de sua oferenda. Mas não se agradou de Caim e de sua oferenda, e Caim ficou muito irritado e com o rosto abatido. Iaweh disse a Caim: «Por que estás irritado e por que teu rosto está abatido? Se estivesses bem disposto, não levantarias a cabeça? Mas se não estás bem disposto não jaz o pecado à porta, como animal acuado que te espreita; podes acaso dominá-lo?».[53]

Caim, vê-se, não domina muito bem o impulso destrutivo que a inveja desencadeou nele; aliás, não seria exagero dizer que sua reação se mostra bastante desproporcional: «Entretanto Caim disse a seu irmão Abel: 'Saiamos!' E, como estavam no campo, Caim se lançou sobre o seu irmão Abel e o matou.»[54]

Nessa história, em sua maravilhosa, lapidária simplicidade, vê-se claramente que Caim é submetido a uma provação mais dura do que a que cabe a Abel — que,

---

53. A Bíblia de Jerusalém, *Gênesis*, IV, 1-7. [N.T.]
54. Idem, versículo 8. [N.T.]

aliás, paga com a vida. Com efeito, a vítima é ele; poucas histórias, porém, acho eu, mostram tanto a proximidade entre o que sofre e o que fere como o caso de Caim e Abel, o primeiríssimo romance policial da história (com Deus que pergunta a Caim onde foi parar o irmão dele, e sua voz atrevida, impertinente, que responde com todo o sarcasmo possível, a Deus que sabe de todas as coisas e que, portanto, conhece também a sua culpa de primeiríssimo assassino da história da humanidade: *Acaso sou guarda de meu irmão?*). Caim golpeia, Caim sofre. Abel, acidentalmente, é a vítima de seu conflito interior, é verdade; mas a Abel não cabe a sorte de ver o Senhor torcer o nariz diante de seu sacrifício. Abel viu seu sacrifício de pastor ser aceito, de bom grado, de primeira. É Caim que é posto à prova; e falha, mas a prova à qual é forçado é muito árdua. Parece que o peso do livre-arbítrio, que os pais dos dois primeiros irmãos conquistaram com o ato desobediente de provar o fruto da árvore do conhecimento, recaiu todo não sobre Adão e Eva, que se safaram com uma bela bronca, com a expulsão do Jardim do Éden e a respectiva condenação à fadiga do trabalho e à dor; mas sobre o primogênito, Caim. É ele o primeiro homem a ter de resistir a um impulso destrutivo, a um estado emocional que o arrasta para a violência. E ele não dá conta.

Segundo algumas tradições exegéticas, como o Midrash, na verdade o homicídio de Abel teria uma motivação passional. Como se a inveja não bastasse, na história é introduzida uma mulher — uma irmã, é evidente, mas se sabe que à época não havia muita sutileza acerca da endogamia —, disputada entre os dois jovens, um pouco como na versão que, muitos séculos depois da Bíblia, John Steinbeck reescreverá em *A leste do Éden*, transformando os irmãos pioneiros em dois pioneiros de fato, colonos de um oeste ainda selvagem. *Cherchez la femme*, só para assegurar que a agressividade de Caim contra seu irmão possa encontrar combustível suficiente na rivalidade amorosa.

Mas acho que a inveja pura e simples é suficiente para explicar a reação desproporcional de Caim. A simpatia de Deus pelo caçula parece totalmente desequilibrada, e é compreensível que Caim se sinta traído, que cresçam nele, ao mesmo tempo, a sensação de ser vítima de uma injustiça e o incômodo com aquele irmão que lhe parece muito mais afortunado que ele, sem merecê-lo. A inveja nascida dessas premissas por si só já é uma detonadora poderosíssima.

Porque é uma emoção incandescente; e o olhar do invejoso é, sim, um olhar maligno, mas representa também uma tentação à qual é impossível resistir: a de se comparar sempre e o tempo todo se ver diminuído, humilhado; vítima. Além disso, é arriscado lidar com o pensamento mágico; o poder do mau-olhado ameaça voltar-se, a cada passo, contra aquele que o lança. A Idade Média capta a ambivalência desse olhar que atormenta com a exatidão brutal da linguagem alegórica: na Capela Arena, Giotto retrata a inveja como uma mulher aterrorizante, os pés em chamas e uma serpente que lhe sai da boca e lhe morde os olhos.

Os invejosos de Dante, por sua vez, são torturados pelo atrito de vestes ásperas como cilícios contra o corpo, e têm os olhos costurados com arames, como aves de rapina a serem adestradas — para domesticar os falcões, os falcoeiros usavam a mesma técnica retomada por essa evidente lei de talião, que impede o olhar do mau-olhado e ao mesmo tempo ostenta a cegueira e a dor pungente das quais a experiência da inveja está repleta:

De vil cilício vi serem cobertos,
e um a outro nos ombros amparava
e a escarpa os sustentava em tais apertos:
Assim os cegos que a miséria agrava
Vão nos perdões pedindo sua esmola
e a cabeça de um na do outro encrava,
pena nos corações já estando a pô-la,
não tanto pelo som que se disser,
mas porque nada a vista mais desola.
E tal o sol que aos cegos não vier,
assim às sombras de que falo agora
a luz do céu com elas nada quer;
que arame suas pálpebras escora
e cose, qual falcão que se asselvaje,
porque ele, assim, quieto não demora.[55]

É tão cruel o destino dos penitentes cegos pelo arame que lacra seus olhos e os obriga, apoiados à encosta escura do monte, a se escorar uns nos outros, a cabeça sobre o ombro do vizinho, como mendigos carentes de tudo e compelidos a contar com a caridade dos desconhecidos, que Dante se sente, se não culpado, ao menos embaraçado pela vantagem que goza em relação a eles. Ele vê, os invejosos estão cegos: «E parecia-me, andando, ser ultraje,/ vendo a outrem, sem ser visto».[56]

Mas Virgílio, como sempre, o tranquiliza: tem permissão para falar com as atípicas aves de rapina de competição («Fala e sejas breve e agudo»).[57] E assim, bem no meio do Purgatório, Guido del Duca, outrora fidalgo nativo de

---

55. Dante, *Purgatório*, XIII, vv. 58-72, pp. 414-415. [N.T.]
56. Em italiano: «A me pareva, andando fare oltraggio,/ vedendo altrui, non essendo veduto». Ed. italiana, org. R. Mercuri. Turim: Einaudi, 2021.
57. Dante, v. 78, p. 415.

Ravena, agora alma em sofrimento com os cílios costurados, narra a um Dante em lágrimas (ele, ao contrário dos hóspedes da cornija, ainda tem olhos para chorar) o seu atormentado destino:

O meu sangue, de inveja que ressarço,
tanto ferveu, que, visse eu homem ledo,
ter-me-ias visto de livor esparso.[58]

Para Dante, o invejoso «a quem poder e graça e honra e fama/ teme perder porque outro alto se ponha,/ e tal se atrista que o contrário ama».[59] Aqui também, como no caso de Caim, a inveja basta para explicar a si mesma: contanto que consigamos enquadrar não só a força destruidora, a potencial violência que o próprio Dante reconhece nela («e há inda quem de injúria se envergonha,/ tanto que da vingança fica ansioso,/ e o mal alheio apronta já com ronha»),[60] mas também, e sobretudo, sua raiz inconfessável: a insegurança de si.

Se Caim fosse mais seguro de si; se não tivesse, com relação à aprovação de Deus, a idêntica necessidade de confirmação que tem uma criança quando espera que o pai ou a mãe lhe digam como ela foi boazinha (e se, além disso, não fosse prisioneiro da equação entre o agrado de Deus por seu trabalho e a intensidade do amor que ele pode esperar merecer), talvez fosse forte o bastante para não detestar Abel a ponto de lhe fazer mal a fim de permanecer sozinho, a fim

---

58. Ibid., XIV, vv, 82-84, p. 425.
59. Ibid., XVII, vv. 118-20, p. 453. Como para Tomás de Aquino, que por sua vez cita, a este respeito, o Aristóteles da *Retórica*.
60. Ibid,. XVII, vv. 121-23.

de sobressair na ausência de rivais. Mas Caim não pondera, cego como está — também ele um falcão — pelo arame que lhe fere os olhos.

Guido del Duca, que foi parar no Purgatório arrependido dos pecados que cometera, inflama-se ao relembrar o pecado da inveja pelo qual sua vida na terra foi totalmente ameaçada. Aliás, os pecados capitais dilatam sobremaneira atitudes ou inclinações que não teriam nada de mau, se não superassem o limite daquilo que é considerado são, justo ou ao menos aceitável: é essa transgressão que as transforma em pecados. A inveja, porém, tem algo diferente: a suspeita, ou a percepção, de uma falta, de um vazio, de uma baixa estima de si. Admitir-se invejoso é como dizer: o mundo não gosta o bastante de mim — Deus não aprecia meu sacrifício; sinto que me falta alguma coisa em comparação aos que estão perto de mim. E, se é sincera, se não visa apenas à autocomiseração, essa é uma das admissões mais difíceis de enfrentar: porque tem a ver com a fragilidade, porque tem a ver com uma fenda que o amor-próprio exigiria que mantivéssemos escondida, e que com maior razão, para o invejoso, em geral tão atento, como nota Aristóteles, ao prestígio social (cuja insuficiência ou inadequação comparada às expectativas é com frequência o motivo da inveja), é uma grande dor. Uma humilhação. A inveja, enfim, é uma paixão vergonhosa.

François de La Rochefoucauld, o moralista mais infalível não só do século XVII — século de ouro para a observação da moral e dos costumes —, mas talvez de todos os tempos, soube captar à perfeição esse aspecto, que torna a inveja tão impopular: as paixões mais criminosas são cantadas em prosa e verso, enquanto ela é calada, não ousamos confessá-la. Nós nos envergonhamos da inveja tanto e tão sinceramente que mal falamos dela: dos pecados, ela é o mais duro de confessar, o mais repugnante, o mais difícil de transformar em motivo de orgulho — o único, aliás, pelo qual essa metamorfose é impossível. Porque está em jogo uma violenta bofetada no amor-próprio.

O invejoso, com seu mau-olhado, deseja o mal de outrem, esperando obter satisfação desse seu desejo. Mas se trata de uma satisfação indireta e, no final das contas, irrealizável. A alegria que brota da dor de um outro — aquela que os germanófonos chamam, com uma palavra perfeita, *Schadenfreude*, ou seja: «o prazer maldoso que nasce da desventura alheia» — é uma alegria falsa como o latão. Não é preciso muito para que revele sua natureza falha — isto é, de nascer, como intuía perfeitamente Dante também no canto XVII do Purgatório, de uma opinião de si miserável ao extremo, como a de quem só pode esperar sobressair desde que a concorrência seja anulada:[61]

Há quem, por seu vizinho se ir de vez,
Quer excelência e só por isso brama
Que da grandeza abaixo vá soez.[62]

Mas por que — nesse ponto sou obrigada a me perguntar, sem mais rodeios — eu tinha a tentação de excluir a inveja da festa? Por que tanta dificuldade para falar dela?

---

61.   A ideia na base da atitude invejosa supõe que nos movemos num jogo «de soma zero», no qual se não vencemos nós, algum outro conquistará aquilo que nos espera. Claramente, nessa postura subentende-se também a relevância política e social da emoção. O sociólogo Helmut Schoeck faz uma análise lúcida e fascinante dela em seu ensaio clássico *Der Neid: Eine Theorie der Gesellschaft* [Inveja: uma teoria da sociedade].

62.   Dante, *Purgatorio*, op. cit., XVII, vv. 115-17, p. 453. [N.T.]

Escrever sobre ela me parece romper um tabu, que é afinal o que estou fazendo. Por quê? Tento examinar o passado. Fui uma criança esperta, sensível. Aprendi a ler numa idade muito precoce; observava os adultos com demasiada atenção. Eles me interessavam muito, e às vezes eu demonstrava ter aprendido coisas que deveriam ter permanecido ocultas de alguém da minha idade. E como muitas crianças precoces, eu tinha alcançado uma maturidade intelectual prematura em comparação com o estado verde do meu desenvolvimento emocional.

Na escola, era boa aluna sem esforço — devo dizer que era muito «cultivada» em casa; meus pais fizeram a escolha um pouco alternativa de criar a mim e a minha irmã sem televisão, na Milão dos anos 1990, quando as tardes das crianças eram ritmadas pelos desenhos animados do programa *Bim Bum Bam* e pelas propagandas exibidas nos intervalos. Eu não tinha aqueles brinquedos, em casa chamados de «consumistas», que desejava com ardor, mas em segredo; na verdade, por orgulho eu também não admitia que gostaria de ter a escolinha da moda, o forninho de brinquedo, a Barbie com a casa e o carro conversível de um rosa ofuscante. Eu não conhecia as aberturas dos desenhos animados que as outras crianças cantavam em coro. No lanche, todos tiravam da mochila o bolinho recheado Fetta al Latte, e eu, uma banana — daí provavelmente meu atual ódio pelas bananas. Crescendo sem televisão, passava muito tempo com os livros. Era curiosa, adorava contar histórias; minhas inclinações começavam a tomar corpo graças aos livros. Busco na memória os pensamentos que tinha aquele «eu» criança, que cresceram nos meus pensamentos de hoje: estava assustada, me sentia excluída? Talvez tenha me sentido assim, mas poucas vezes. Eu gostaria, é claro, de, como os outros, ter colecionado as surpresas do Kinder Ovo, passado as tardes deitada sobre o tapete vendo desenhos animados, bebendo todos os refrigerantes que pudesse, mas talvez tivesse ainda mais prazer em ser a criança que eu era; aquela que tentava se livrar das bananas, cujos sabor e odor não suportava, empurrando todas elas para a menina mais gulosa da turma; aquela que nunca tinha visto um episódio inteiro da série anime *Lady Oscar* e que não conhecia a canção dos *Smurfs*, e que por vezes desfrutava — nas festas, na casa de amigos, quando se convidada depois da escola — de momentos de beatitude estonteante, porque excepcionais. Lembro que uma vez a avó de um colega da escola primária cochichou para a filha: *será que essa menina é normal?* Eu tinha entornado uma garrafa inteira de Coca-Cola, e, com os olhos saltados das órbitas, estava vidrada na televisão onde passavam as imagens de algum filme ambientado na Califórnia, enquanto as demais crianças brincavam do outro lado da sala. Eu jamais teria aprendido a idealizar a normalidade dos outros, a sentir o enorme prazer no viver cotidiano, se não tivesse crescido assim. Isso, porém, tem a ver indiretamente com a inveja.

É verdade que ser boa aluna sem esforço me expunha a olhares invejosos; quem sabe também a um destino de cê-dê-efe odiada, que fiz de tudo para esconjurar? Pode ser. Hoje me dou conta de que alguns aspectos da minha pessoa, que desenvolvi e que hoje fazem parte de mim — uma autoironia esticada aos limites da sabotagem, a incapacidade de me levar a sério, a sensação de poder ser desmascarada a qualquer momento, como se cada pequeno sucesso fosse uma impostura, e, portanto, a convicção de ser um blefe —, nasceram da intenção inconsciente de afastar o possível mau-olhado. Se não fosse supersticiosa nem neurótica, seria uma pessoa bem diferente, quem sabe mais agradável; sem dúvida eu me levaria mais a sério e não teria a mania de procurar o lado cômico de cada coisa.

Mas tem mais uma coisa. Não sou tão ingênua a ponto de pensar que o problema seja apenas a inveja súbita. Sou uma pessoa invejosa?, eu me perguntei muitas vezes. Não, não sou invejosa. Ou melhor: não compreendo a inveja. Não sei como se pode ser invejoso. Quantas vezes eu disse isso, quantas ouvi dizer. Repeti, acreditei. Agora que me exponho aqui, me dou conta do contrassenso. De ter usado o adjetivo como um escudo.

Sem dúvida, no que diz respeito às emoções atinentes aos pecados capitais, é inegável o vínculo com certa inclinação do caráter, uma índole. Não sou colérica, sou gulosa, e assim por diante. Mas é fácil demais, e, portanto, falso, excluir de si, por completo, um estado de espírito que inevitavelmente atravessa qualquer ser humano. Quanto mais não seja porque, enquanto crescemos, enquanto nos formamos, a insegurança dos limites de nossa identidade nos torna necessariamente vulneráveis à comparação com os outros, ao medo de que possam tirar de nós o amor, a atenção, a consideração que, sozinhos, não somos capazes de atribuir a nós mesmos. Agora entendo que por causa da minha insegurança, erguida como barreira para me proteger da inveja que eu imaginava nos outros, sentia tanto medo da possibilidade de ser eu mesma a invejosa — de ser como os outros, de ser uma dentre outros — que sempre preferi projetar toda a minha capacidade de invejar em olhos invisíveis que me olhavam feio — mas aqueles eram os meus olhos. Era meu o olhar do mau-olhado. Era eu que não queria me permitir, por muito tempo, me tomar por aquilo que sou — não especial, não diferente, mas tal e qual os outros. Especial apenas naquele mínimo que nos faz a todos especiais, se nos olharmos a partir de dentro.

Precisei de Melanie Klein para compreender isso. Em seu ensaio *Inveja e gratidão* (1957), um clássico da literatura psicanalítica, resultado de anos de observação do comportamento das crianças, ela mostra com enorme simplicidade que a inveja não é pecado nem falha de caráter; é um elemento da experiência humana, um impulso raivoso já manifesto em bebês de meses, que decerto não têm, como Caim, nenhum conhecimento do bem e do mal.

Precisei de Klein para entender o quanto é humana, compreensível, compartilhável até — apesar da briga para nomeá-la — a inveja. Para compreender uma coisa que os gregos antigos achavam muito clara: que se invejam os semelhantes *porque* eles são reconhecidos como semelhantes. Achar-se imune à inveja, achar que se pode apenas sofrê-la, até mesmo entrincheirar-se em uma defesa incansável de si de todo o olhar possível, é sinal de desmesurado narcisismo, que por um paradoxo apenas aparente coincide com o rebaixamento drástico da autoestima. Imaginar-se irremediavelmente diferente é um sentimento infantil, uma condenação não apenas à incompreensão, mas também à perene ameaça do mundo; é como admitir que os limites da própria identidade estão destinados a sofrer apenas ataques, que é perigoso baixar a ponte levadiça. E, ao contrário, como é libertador dizer: tenho medo do mundo, e o medo, isso eu posso enfrentar!

Ciúme, paradoxo e suplício

A memória é a torturadora
dos ciumentos.
— Victor Hugo

Se me perguntarem: você é ciumenta?, responderei que não. Estarei mentindo. Sempre respondi que não; sempre menti. Não gosto de admitir que sou ciumenta: gosto tão pouco que por muitos anos travei uma luta feroz contra esse traço da minha personalidade, com a ingenuidade e o afinco dos mentirosos mais experientes. Ou seja, menti sem saber que mentia.

Em perfeita inocência, repeti a mim mesma que era diferente do que sou. E depois, um dia, quando eu menos esperava, acabei compreendendo a magnitude da mentira.

Eu estava dando uma entrevista. O jornalista me perguntou: qual é a sua primeira lembrança? Me pegou de surpresa e, como acontece com frequência, a surpresa me torna mais sincera, me concede a espontaneidade que se perde quando temos tempo de nos preparar; o luxo e a condenação de estarmos prontos — que significa, nem mais nem menos, prever as consequências.

Eu não previra as consequências. Uma lembrança, nítida, cristalina, como se muito fresca, me ocorreu. Na lembrança sou pequena, devo ter mais ou menos dois anos e meio. Também sei que sou pequena porque sou muito baixinha e choro até perder o fôlego, faço uma birra colossal. Grito e resmungo, bato o pé no chão, mas por quê? Porque não quero de jeito nenhum tirar meu casaco de pele cor-de-rosa. E não me importa que ele seja apenas para sair, que não posso usá-lo em casa, que estou com calor, que vou pegar um resfriado. Não me importam as razões dos adultos, suas explicações que não fazem sentido — casaco de pele se usa fora de casa. Exijo ficar com ele, porque aquele casaquinho é a coisa mais linda que tenho. Então as janelas da casa são abertas, todos são obrigados a vestir casaco e sobretudo para que eu possa ficar sentada no tapete com meu casaco de pele cor-de-rosa sem suar, sem ficar doente. Impus minhas regras sobre as regras dos adultos, e não me importa que sejam regras ilógicas, absurdas; me acalmo e fico feliz, envolta pelo casaco de pele cor-de-rosa tão macio, enquanto os outros andam pela casa de sobretudo.

Hoje vejo muita coisa nessa história; talvez até as razões pelas quais naquele dia, durante a entrevista, logo saquei aquele episódio do casaquinho sobre o qual não pensava havia muito. Vejo, acima de tudo, o amor dos meus pais, que, sabendo que eu não era uma criança muito resmungona (assim me dizem, assim me agrada crer), decidem satisfazer um capricho isolado, e talvez até o achem divertido. Vejo meu delírio de onipotência infantil, o desejo de fazer valer minha vontade sobre a ordem das coisas, sobre a vida como os adultos a organizam: em casa se fica de janelas fechadas e sem sobretudo. O sobretudo, isto é, o casaquinho de pele, é usado para se proteger do frio, e se não está frio, não só é redundante, mas é nocivo; a gente sua, fica doente, e era só o que nos faltava.

Minha lógica infantil se opõe com vigor: o casaco é meu orgulho, eu o adoro e quero viver envolta nesta cálida

140

nuvem rosa. As roupas são escolhidas com critérios puramente afetivos, estéticos, quem se importa com as condições climáticas, com a chata e banalíssima utilidade?

Pois bem, agora, além de me perguntar o que deu errado na minha vida subsequente, e como foi possível que mais tarde eu não me tornasse uma guru da moda, agora vejo outra coisa por trás daquele capricho de que me lembro tão bem; e se me lembro tão bem dele, então deve ser importante (a menos que a relação de causa e efeito seja invertida: talvez seja importante justo porque me lembro dele, um fragmento fóssil de infância tão raro quanto precioso para tentar reconstruir o desenvolvimento da minha personalidade?).

Seja como for, em minha memória meus pais me satisfazem, demonstram de um modo cômico, gracioso, que me amam; mas há mais alguma coisa naquele capricho. A questão é que aos dois anos e meio, mais ou menos, eu tinha acabado de me tornar a primogênita. Nascera minha irmã, e de repente eu — que mal tivera tempo de perceber o quanto era maravilhoso ser uma criança muito amada, tanto a ponto de ganhar de presente um minúsculo casaco de pele cor-de-rosa — não era mais a única criança da casa. Ao contrário. De uma hora para outra, eu era a menina crescida, aquela que não precisava de atenção o dia inteiro, que aprendia a calçar os sapatos sozinha, que pintava com aquarela, que devia largar a chupeta e comer sozinha com colher. A autonomia de irmã mais velha, que dali a pouco se tornaria meu maior orgulho, enquanto descobria minha irmãzinha que ria quando eu a fazia rir, e mergulhava de cabeça num amor que me acompanharia a vida inteira, naquele exato momento era uma condenação, uma expulsão do Éden, uma dor insuportável. Eu não era mais *a criança*:

quem eu era? A criança era então um serzinho que berrava quando precisava de alguma coisa, e com frequência precisava, mas com mais frequência ainda dormia, ou comia, ou estava agarrada à mãe. E eu? Eu inventei o capricho do casaco de pele cor-de-rosa.

Um gesto ridículo, desesperado, como são os gestos dos ciumentos. O ciumento tem uma falta de jeito, uma descortesia, que encontra a única redenção possível quando estes traços são olhados com ternura, como fizeram meus pais com aquela menina com ciúme da atenção deles, abrindo uma janela no frio invernal para satisfazer o despeito sem sentido, e reabsorvê-lo no amor, no reconforto; visto sem ternura, o ciúme pode se tornar uma paixão trágica e violenta. Pode consumir o ciumento, e até destruir o objeto de seu ciúme. Como o Otelo de Shakespeare, por exemplo. Iago, a víbora que urde uma trama pérfida para levar ao desespero o Mouro de Veneza e arruinar-lhe a existência para sempre — plano que incidentalmente custará a vida da bela esposa de Otelo, Desdêmona —, não só mostra conhecer o poder do ciúme, mas também que não tem escrúpulos ao desencadeá-lo:

Cuidado, senhor, com o ciúme. Ele é um monstro
De olho verde que vive a escarnecer da carne
Que o nutriu. Feliz é o corno que, consciente
De seu fado, não ama aquela que o ofendeu,
Mas que tétricas horas as daquele homem
Que venera e duvida, suspeita e adora![63]

---

63. W. Shakespeare, *A tragédia de Otelo, o Mouro de Veneza*, trad., introdução e notas de Lawrence Flores Pereira. São Paulo: Penguin & Companhia das Letras, 2017, ato iii, cena iii, vv. 170-75.

Iago sabe muito bem qual é o desastre que seu plano está prestes a provocar: caso contrário, não poderia ser tão preciso na descrição da potência nefasta do *monstro de olho verde*. O verde é uma cor associada à ambivalência, também por uma razão bem pragmática: a instabilidade química da tinta, que por muitos séculos enlouqueceu tingidores e pintores (os quais somente a partir do século XVIII começaram a criá-la misturando pigmentos azuis e amarelos, enquanto antes baseavam-se no uso de corantes naturais, bastante volúveis), virando esfumatura; de onde a associação dessa cor esmeralda, de serpente, diabólica a seu modo, à esperança, a algo efêmero e potencialmente ilusório — como o acaso —, mas também aos sentimentos mais ambíguos que o ser humano conhece: a inveja e, justamente, o ciúme. O verde é a cor do capricho e da mutabilidade, e o ciúme, com efeito, é o monstro que se transforma e se transmuta; e, como observa o pérfido Iago, *escarnece da carne que o nutriu.*

Aí está a bífida ambivalência do tormento do ciumento: o ciúme tira seu sustento de suspeitas, intuições parciais, migalhas de frases, gestos entrevistos e espiados, e precisa, por parte de quem o sente, de um empenho de *detective*, mas com a condição de que as descobertas soem sempre atormentadoras, de que nas coleções de impalpáveis indícios seja incluído o sofrimento do cientista meticuloso que as coleta. Se o ciumento não sofre, se não se atormenta, se não se ilude e depois desilude, se não se move vertiginosamente entre o desejo de confiar e a impossibilidade de fazê-lo, entre a beatitude da segurança e as provocações da humilhação, o que seria do ciúme? Perderia a sua linfa vital. Derreteria como neve ao sol, como um efeito especial tosco num velho filme de terror. O monstro, se não tivesse do que se nutrir, murcharia sobre si mesmo e nenhum ciumento atormentaria mais a pessoa que ama, nem se torturaria por conta própria.

Dentre todas a emoções, o ciúme é uma das mais trágicas de sentir, e também de ser alvo, na minha opinião. Porque se prende num imbróglio de impasses e paradoxos difícil de desenredar; mas sobretudo porque, quando é intenso, apoia-se numa sensação que só de formular já faz mal. Como escreve Roland Barthes em *Fragmentos de um discurso amoroso*:

Como ciumento sofro quatro vezes: porque sou ciumento, porque me reprovo de sê-lo, porque temo que meu ciúme machuque o outro, porque me deixo dominar por uma banalidade: sofro por ser excluído, por ser agressivo, por ser louco, por ser comum. [64]

Por ser comum. Ou seja: como todos os outros, substituível, intercambiável. Na base do ciúme — como sabia muito bem, mesmo que inconscientemente, aquela minúscula versão de mim que exigia ficar com seu casaco de pele cor-de-rosa —, está a ideia insuportável de poder ser substituída; a sensação de que nossa identidade está ameaçada, porque nossa identidade faz parte da constelação de afetos em meio aos quais vivemos.

Quando somos ciumentos, suspeitamos iminente o momento em que seremos substituídos por um rival; ou melhor, às vezes não conseguimos afastar a ideia de que aquele momento já tenha chegado, e, no entanto, não temos certeza disso — e justamente das dúvidas, das atrozes dúvidas dos ciumentos, se apascenta o monstro dos olhos verdes.

---

64. R. Barthes, *Fragmentos de um discurso amoroso*, trad. Hortênsia dos Santos. Petrópolis: Vozes, 1981, p. 47. [N.T.]

É verdade que na tragédia de Otelo a vítima é Desdêmona, que acaba asfixiada, sem conseguir se convencer de que é o marido adorado quem a mata, e morre com palavras de uma ternura de partir o coração; mas Otelo, pobrezinho, sofre o inferno também: e sofre, com mais razão, porque não tem certeza, porque não tem a absoluta certeza de ter sido traído — e, de fato, não foi. Talvez, se a pegasse em flagrante não enlouqueceria como enlouquece; se a surpreendesse no ato da traição talvez ficasse decepcionado, desgostoso, mas seu coração se arrefeceria, ao invés de explodir na dor de mil suspeitas dos gestos revisitados, das suposições. Ele pondera, teme, pensa e repensa, e enquanto isso o monstro se banqueteia com seu tormento, engorda; os olhos verdes brilham de satisfação. É fatal, para ela, mas também para ele, o erro de não confiar em Desdêmona, de não acreditar nela e, claramente, nesse ponto vamos de mal a pior: o erro de pensar que se deve vingar a honra (ainda bem que os tempos mudaram, mas essa ideia do delito que redime a reputação do traído ao eliminar a infiel resistiu por muitos séculos, e infelizmente não desapareceu por completo).

Talvez esse equívoco não se desenvolvesse tão bem na mente de um homem excepcional e sinceramente apaixonado por uma esposa que o idolatra, se Iago não se aproveitasse da particular situação social em que se encontra Otelo; o único ponto no qual até ele é vulnerável, o comandante extraordinário, o homem belíssimo, o mouro que logrou obter uma posição cobiçada — cobiçada inclusive por Iago — numa sociedade de aristocratas venezianos. Iago bota o dedo na ferida, valendo-se da insegurança de Otelo, de sua solidão, da estupefação e da desconfiança que teve de superar em sua ascensão, em seu matrimônio com uma fidalga branca, loiríssima. Mesmo que Otelo tenha conquistado tudo o que podia com sua audácia, seu valor, e até com a sinceridade de seu amor, e tenha feito em pedaços a oposição dos velhos nobres venezianos, a sua estima de si se mantém sobre pés frágeis, pés de barro; porque ele, em todos os anos que lhe foram necessários para chegar às metas que alcançou, aprendeu a ver-se com os olhos de quem o desprezou, de quem não o queria, de quem pensa que o lugar que ele ocupa não é apropriado para um mouro.

O ciúme de Otelo é desencadeado como uma mola disparada pela inveja de Iago. A inveja, como vimos, tem um potencial destrutivo direto que no ciúme, embora presente, é indireto. O invejoso deseja algo que não tem, em geral porque se considera mais merecedor de possuir aquela determinada coisa em comparação a quem a possui: e se não a pode obter, quer tirá-la de quem a tem. Assim Iago, o veneziano, está convencido de que a alta patente militar de Otelo, a sua bela mulher, a sua vida, são usurpados pelo Mouro. No ciúme, ao contrário, o ciumento imagina-se como uma vítima em um triângulo (ciumento-traidor-rival) do qual será expulso, ou melhor, do qual teme ser expulso; um triângulo que a seus olhos faz pressão para se tornar um segmento, do qual ele, porém, não será mais o vértice.

Essa hipótese de expulsão torna ainda mais doloroso o pensamento do engano, da traição; porque ao imaginar-se excluído e substituído pelo rival, o ciumento acrescenta ao sofrimento o fantasma de uma humilhação: os pérfidos amantes que caçoam dele, que o desprezam. Tudo o que de íntimo, espontâneo, terno se viveu com a pessoa amada, torna-se material de coerção. A proximidade, o olhar que pousou sobre seu rosto adormecido à primeira luz da manhã, e, pior ainda, as suas lágrimas, os seus gemidos, os suspiros, os seus segredos, de repente, na hipótese daquela exclusão que o joga para fora, são gatilhos de desonra. O ciumento sente-se humilhado porque olha para si mesmo com um olhar carregado de desprezo: é substituível, foi substituído, aliás, porque é tudo menos especial, como o amor o fizera crer, enganando-o. *É como os outros*, talvez até um pouco pior do que os outros: é evidente que quem foi escolhido em seu lugar, quem o substituiu, tem algo que lhe falta.

Por esse motivo, quando somos ciumentos com frequência nos concentramos mais na pessoa do rival do que na pessoa amada: nós nos comparamos, nos mensuramos, para compreender se somos substituíveis, e, nesse caso, justo por alguém assim ou assado. Reagir ao sentimento de ameaça aos limites de nossa identidade parece a coisa mais urgente, por isso nos fixamos sobre o presumido concorrente, desviando os olhos de quem arriscamos perder. As redes sociais, a partir deste ponto de vista, são aliados formidáveis: permitem-nos improvisar como *detective* e descobrir mundos e fundos de desconhecidos ou conhecidos que nos fazem sentir sob ataque, vendo fotos de festas de dez anos atrás, pensamentos, avaliando linha de implantação dos cabelos e espessura das sobrancelhas, hábitos e inclinações políticas. E, ao mesmo tempo, a pessoa amada escapa do nosso olhar, não nos importamos mais com ela, a não ser para nos assegurar de que não vá embora.

Mas com certeza não é uma novidade do nosso tempo: «O enamorado ciumento suporta melhor a doença da sua amante que a sua liberdade»,[65] escreveu Marcel Proust, o maior artista do ciúme que já viveu, talvez o único realmente capaz de narrá-lo, evocá-lo e representá-lo com a força intuitiva de quem é ao mesmo tempo vítima e domador,

---

65.   M. Proust, *Alla ricerca del tempo perduto*. Turim: Einaudi, 2017.

porque abriu todos os seus segredos; e, no entanto, continua a sofrer com eles. Essa frase, por exemplo, tão simples, condensa a contradição que aprisiona o ciumento: o qual não só não se preocupa mais com o bem da amante, como também começa a não suportar mais sua liberdade — mesmo sabendo que é precisamente essa liberdade que o fez se enamorar. Quando Albertine é aprisionada, quando não é mais a mocinha insolente de olhos tão luminosos que era no passeio por Balbec, o narrador da *Recherche* coroa seu sonho de ciumento e, nesse exato momento, é obrigado a reconhecer que fabricou para si um pesadelo sob medida: a criatura selvagem, indomável, torna-se de imediato um grilhão. O suplício do ciumento consiste em grande parte no paradoxo de se colocar por inteiro, todo o seu próprio valor, na mão de alguém que ele não considera mais capaz de reconhecê-lo, e que, se o reconhece, subitamente não é mais digno daquela responsabilidade. Depreciando-se, ele deprecia quem ama, e assim volta a depreciar a si mesmo.

Se Otelo soubesse aceitar o olhar adorador de Desdêmona, se soubesse olhar-se com amor, talvez tivesse sido salvo — ele e, portanto, ela também. Todavia, ainda que culmine no assassinato da pobre Desdêmona, um ato de violência horrível que poderia passar por vingança da honra ofendida, o ciúme de Otelo é atípico em relação à «tradição» do ciúme masculino, na qual, porém, parece se inserir. E isso porque Otelo, mesmo sendo homem numa época patriarcal, como se costuma dizer, só pertence à classe dominante por ter ganhado, com muita dificuldade, um bilhete de ingresso; é um *parvenu* da opressão.

O ciúme, como todas as emoções, conserva um legado antigo e complexo que atravessa não apenas as variações que assumiu nesse ou naquele ciumento ao longo da história, mas também a reputação de que gozou por séculos, e os usos, as correções, as convenções que o plasmaram, enquanto se nutria das obsessões que trazia em seu peito. E como se trata de um sentimento muito ligado à relação de casal, não podemos ignorar o quão pesadamente foi plasmado também pelas convenções sociais que estruturaram, no interior da vida a dois, relações de força bem específicas.

Por isso, o ciúme masculino se inscreve em uma tradição «honorabilíssima» — mas nem por isso pacífica, pelo contrário, terrivelmente violenta. A mulher ciumenta, por outro lado, é quase sempre um tanto exagerada, um tanto histérica, consumida; ou simplesmente em vias de ser abandonada, e a partir daí arruinada para sempre, o que a torna com razão paranoica, porque para as mulheres ser abandonada significou por muito tempo desgraça, em razão da dependência econômica e social em relação aos homens. Por isso tantas gerações de esposas toleraram as traições dos legítimos consortes sem se queixar. Pense um pouco, por exemplo, em Anna Kariênina, em seu desespero quando começa a suspeitar que o palerma Vrônski a trai: para ela, reconstruir um nome respeitável seria impossível; já tinha deixado o marido, sua reputação estava arruinada, e mesmo que não tivesse tido a ideia de se lançar debaixo de um trem, dificilmente poderia retornar à vida para a qual fora educada. É uma pária; já Vrônski, que começou uma relação adúltera com ela, mesmo que depois lhe meta um par de chifres, ele se safa, como se nada fosse.

Se a mulher ciumenta é uma excêntrica amalucada passional demais, ou uma criatura insegura, nervosa e de baixa autoestima, o homem ciumento é o herdeiro dos amantes corteses, que nesse sentimento encontram a marca do verdadeiro amor, em geral porque amavam mulheres já casadas; e aqui René Girard nos ensina que o amor romântico, o amor de romance como nós o conhecemos, tem suas raízes numa ideia de desejo «mimético» — o que torna o objeto mais precioso é justamente o fato de haver algum outro a desejá-lo: alguém, portanto, de quem ter ciúme.[66] Nos tratados médicos medievais, o ciúme afigura-se como uma forma específica de raiva; que aquece o corpo lhe oferecendo a energia indispensável à represália violenta que se segue à descoberta do golpe desferido na honra.

O ciúme de Otelo, porém, apesar das aparências, e não obstante ele ser efetivamente o marido de Desdêmona, e efetivamente reagir com uma represália, não é uma reação direta, linear, lógica, como a de quem considera ter uma boa razão para agir. É, ao contrário, problemática, atormentada, porque nasce não da ideia de exercer um direito, mas de ter introjetado um olhar que deprecia: assemelha-se muito mais à tradição do ciúme feminino, à dor de não ser amado o bastante que só é sentida com essa intensidade por quem no amor pensa ter encontrado uma redenção da própria fragilidade, porque vive numa sociedade que só realça tal fragilidade, e aprendeu a olhar-se em perspectiva, e a dizer-se: você não vale nada.

Lutei por anos, como talvez todas as mulheres que conheço, contra semelhante olhar, que frequentemente sinto apontado (por mim) para mim mesma, e chega não sei bem de onde — de uma insegurança que talvez eu não conhecesse se não tivesse nascido mulher. Por isso, estaria mentindo se, à pergunta «você é ciumenta?», eu respondesse que não.

---

66.   *De amore*, de André Capelão: «Cresce o amor, quando um dos amantes é verdadeiramente ciumento, cujo ciúme é senhor do amor».

Não sou ciumenta no sentido de que não penso, nem — acho — jamais pensarei no amor em termos de posse. Nunca achei que tivesse direito de espiar mensagens, abrir cartas, controlar o comportamento dos rapazes, e depois dos homens, que amei. Nunca senti queimar em mim uma raiva que me dispusesse à represália; já o medo de ser substituída, o medo de ser enganada, de ser excluída, ridicularizada, esse eu conheço bem. E não por ter vivido experiências traumáticas, pelo contrário. Sei o quanto fui amada; mas por muito tempo tive dificuldade em aceitar o amor, tamanho era o medo da traição hipotética, da humilhação. Um medo que por anos me impediu de pensar na intimidade como um lugar protegido, secreto, verdadeiramente meu também, porque imaginava, me desprezando, que de uma hora para outra seria expulsa de toda ternura, e tudo o que tinha sido se transformaria em mortificação. Era um pensamento que me feria, me perturbava, me tirava o sono; e, no entanto, era também extremamente abstrato, quase teórico.

Eu não tinha suspeitas, não tinha rivais em mente — a não ser vagos fantasmas, presenças evanescentes que reconstruía tentando, com desajeitada discrição, contar para mim mesma detalhes do passado de meus namorados: o ciúme retrospectivo sempre foi minha especialidade, até porque se baseia totalmente em fantasias, é preguiçoso e literário. Porém, como me parecia impossível que alguém pudesse me amar, sem de uma hora para outra desejar me substituir por outro modelo de namorada — mais bonita, mais simpática, mais esperta, melhor de cama, menos neurótica, menos eu —, o meu vício por muito tempo foi me deliciar num estado genérico de alarme que está para o ciúme um pouco como a ansiedade está para o medo. Se a ansiedade é um medo sem objeto, esse meu alerta era um ciúme sem rivais à vista. Uma modalidade de ciúme ainda pior do que aquele, digamos, clássico, porque mais sutil e em certo sentido mais inevitável, capaz de encontrar seu alimento nem que seja no atrito que encontra quando é externado. Um ciúme apto a crescer diante das garantias. O ciúme do *Breve romance de sonho* de Schnitzler, drama burguês no qual um casal descobre o quão arriscada, e insinuante, e perturbadora, pode ser a sinceridade absoluta, quando não se limita a revelar as ações, mas explora pensamentos, fantasias e omissões. Resumindo: o ciúme de quem tem dificuldade em aceitar a mera ideia de que os desejos da pessoa amada podem, ainda que involuntariamente, desviar-se, sair da rota. A prática da sinceridade, deve-se dizê-lo, não faz bem a esse tipo de emoção; por outro lado, uma vez insinuada, a suspeita nos persegue num curto-circuito tal que, seja lá o que for dito ou feito, sempre servirá de material combustível para a crise. Aliás, com frequência se transforma em uma profecia autorrealizada.

Talvez o único modo de evitar que o ciúme nos consuma seja reconhecê-lo, observando-o pelo que é: uma forma de insegurança, uma «insatisfação» com nós mesmos. Dentro de certo limite, o medo de ser intercambiável é invencível, porque arcaico — e também realista: quanto mais vivemos, mais histórias de amor concluímos, mais nos damos conta de que, sim, de fato acontece, e aliás é bastante frequente que aquele que nos amava nos substitua por outro. Mas nós fazemos a mesma coisa: é o tempo que muda, que nos muda, que consente e encoraja as substituições. Porém, se permitirmos a quem amamos nos olhar, se não nos protegermos desse olhar, será difícil que essa pessoa não veja em nós alguma coisa de que se recordará mesmo quando houver um outro ocupando nosso lugar no travesseiro. Por outro lado, esconder-se, não viver, não dar acesso à ternura por medo de ser substituído depois, é o melhor modo — descobri — para ser, de fato, substituível.

Na vida, como escreve Espinosa no livro v da *Ética*, não tem muito sentido esperar uma recompensa, mesmo quando se age de maneira virtuosa: «A beatitude não é o prêmio da virtude, mas é a própria virtude».[67] Não é fácil levar a sério essa proposição, que aliás tem uma simplicidade cristalina ao nos exortar a sair da contabilidade dos prêmios (e das punições). O quão complicado pode ser educar-se sem poder esperar por uma nota alta, um elogio, um ganho? Difícil, habituados que estamos a capitalizar o tempo e cultivar uma ideia performativa até de nossos comportamentos morais, de nossa vida mais secreta, no momento em que aflora à superfície e nos parece impróprio mostrar isso ou aquilo: que não pareçamos aos olhos dos outros, se não uns párias em potencial, tampouco indesejáveis. Entretanto, segundo Espinosa, o prêmio da virtude é a própria virtude, e é beatitude. Mas o que quer dizer, então, viver de modo virtuoso, e fazê-lo refutando a moral exterior das recompensas? Quer dizer viver do modo mais ativo possível, sem sufocar as emoções — coisa que só poderia torná-las mais rebeldes, isoladas, em uma palavra: mais tristes, e nos faria mais passivos a respeito do que sentimos —, mas tentando decifrar a língua dos afetos, que podemos compreender somente nos reconhecendo nos outros, nos espelhando em quem está diante de nós e descobrindo o quanto somos

---

67.   B. Spinoza, *Ética*, cit. EV 42.

semelhantes, o quanto os outros podem ser a causa daquilo que nós sentimos, e vice-versa.

E, então, o prêmio, que não é um prêmio, que não é uma linha de chegada a se cruzar, nem uma medalha que não se conquista ao fim do percurso, mas se extrai a cada passo, revela-se pelo que é: o mundo inteiro, e a infinita, surpreendente possibilidade de nos abrirmos para a vida que se escancara adiante, cada dia, cada vez que conseguimos dilatar o presente, que saltamos dentro de uma onda e dela saímos vivos, maravilhados, felizes, e até gratos; porque são a maravilha, a felicidade, a gratidão — não argumentos morais estéreis, não o desejo de «ser bonzinho» apagando de si todo traço de agressividade ou de fragilidade — o único antídoto, talvez, para as paixões tristes, para o ódio, para a inveja e para toda aquela constelação emocional que nos quer áridos e impotentes.

Maravilha, da qual nasce a filosofia

Só a capacidade de ainda se surpreender deveria nos surpreender.
— François De La Rochefoucauld

Às vezes acho que a vida, hoje, graças sobretudo à tecnologia, tende a nos proteger — ou melhor: a nos esconder
— cada vez mais de uma emoção da qual estamos nos de-
sabituando: a maravilha, a estupefação, por assim dizer.

Fui criança na última década analógica. Estava en-
trando na adolescência no início dos anos 2000, quando
começavam a aparecer os celulares até em nossas mãos de
adolescentes do ensino médio: Nokia em sua maioria, in-
destrutíveis Nokia, com uma bateria que durava semanas,
com o qual podíamos jogar Snake sob a carteira por horas
e horas. As meninas mais ricas tinham um Motorola, aquele
que se abria e fechava como castanholas, com um clique
seco. Eu não tinha celular, era um pouco alternativa; no
verão, se precisava mandar algum sms, eu enviava às escondidas do celular da minha avó, mais moderna do que
eu. Mas as mensagens tinham um custo, eram como tele-
gramas, e era preciso parcimônia nos caracteres; e mesmo
os telefonemas custavam, pagava-se uma cifra exorbitante
por minuto. Assim era o procedimento habitual dos toques:
um toque único, ao qual se respondia apenas com um outro
toque de volta. Um código Morse elementar, suscinto: estou

pensando em você e basta. Além disso, aos treze anos isso bastava e a mensagem era promovida a importante se viesse da melhor amiga ou de alguém de quem se gostasse muito.

Apesar da crescente difusão dos celulares, os telefones fixos eram fundamentais: dado o custo proibitivo das chamadas pelos celulares, era pelo fixo que fazíamos as ligações se fôssemos conversar muito. Os telefones tocavam sem parar, em geral dispostos em locais estratégicos da casa, como a sala de estar, o quarto dos pais — apenas nas casas mais refinadas havia aparelhos sem fio com os quais era possível isolar-se imperturbável no próprio quarto para entabular inúteis, apaixonadas conversas adolescentes pontuadas por paranoias, fofocas e lições de casa. As mães gritavam para que liberássemos a linha, a conta vinha uma fortuna. Depois, se alguém tinha que se conectar à internet, Deus do céu!, era preciso ser veloz como um foguete, porque senão o telefone ficava preso. E se alguém ligasse?

E alguém ligava, sempre; mas apenas poucos afortunados, e apenas a partir de certo momento, tinham aparelhos dotados de identificador de chamadas. Quem não os tinha, estava totalmente despreparado. A surpresa de ouvir a voz de gente que não dava o ar da graça desde tempos imemoriais, a surpresa de uma chamada incômoda, a surpresa do toque do telefone, enquanto você estava em sossego de molho na banheira e não tinha como saber se era uma ligação importante ou não, eram acontecimentos tão frequentes que nem eram dignos de nota; mas, em retrospectiva, eram de todo modo surpresas. Você nunca sabia quem tinha te ligado.

Hoje vivemos agarrados ao celular; tem gente que entra em pânico quando se dá conta de que saiu e o esqueceu em casa, quando o perde, quando alguém o rouba.

Os telefones são as caixas-pretas da nossa vida cotidiana, contêm segredos e *cookies*, rastreamentos e pegadas mal deletadas, e fotografias, listas de endereços, dados bancários, quilômetros de conversas por mensagens. Entretanto, ainda que continuem sendo telefones, em suas sofisticadas metamorfoses afastaram-se gradualmente da função original de servir a comunicações orais, conversas que começam com um toque.

Hoje a ligação inesperada, aquela que chega de surpresa e sem que reconheçamos o número, quase sempre é chamada de telemarketing. Sem aviso prévio, quem nos telefona é a mãe, a melhor amiga, ou a irmã; pessoas com quem temos uma relação tão íntima que não nos surpreendem ao ouvirmos sua voz quando atendemos — até porque, usando cada vez menos os telefones fixos, é raro não saber antecipadamente, pela tela, quem está ligando.

Os outros, inclusive os amigos, aqueles um pouco menos íntimos, anunciam-se com uma mensagem: posso te ligar? Podemos nos falar? E muitas vezes as conversas resultam numa troca interminável de mensagens de voz, que em certo sentido se assemelham aos telefonemas, ou, melhor: que alinhadas poderiam criar a ilusão de um telefonema. Mas jamais a soma de áudios terá como resultado um telefonema: o cálculo aritmético não bate, porque seria preciso levar em conta o peso do imediatismo, aquele que as mensagens dispersam.

À medida que as chamadas inesperadas escasseiam, cresce a dificuldade de representar com gestos o pequeno sobressalto de surpresa, às vezes agradável, outras nem tanto, ao qual estávamos habituados no tempo em que o telefone fixo tocava o tempo todo. Inclusive, hoje se fala de «ansiedade pelo toque do celular» (*ringxiety*): ficamos tão assustados com o toque do telefone, que o imaginamos tocando mesmo quando está mudo. O equivalente sonoro da síndrome do membro fantasma; ou dos sonhos, em chave contrária, quando sonhamos que estamos falando e a voz não sai. Uma chamada não atendida de um número desconhecido, que aparece na tela sem uma mensagem que a anuncie ou a explique, nos lança num estado ansioso, na urgência de ligar de volta; porque é rara. Porque estamos desacostumados à surpresa. Será que teríamos imaginado isso no tempo em que mal entrávamos em casa e já acionávamos a secretária eletrônica para descobrir se alguém tinha deixado uma mensagem? Naquela época, não atender e não ligar de volta imediatamente era plausível e até natural, visto que o telefone estava fixo em casa e nós éramos livres para sair por aí sem sermos acessados por quem queria falar conosco; e, ao voltar, podíamos encontrar qualquer coisa gravada na secretária eletrônica, porque era costume se ligar com desenvoltura, sem muitos combinados (todos sabiam que se alguém não queria ser perturbado simplesmente tirava o telefone da tomada), sem alternância das mensagens de voz.

Naquela longínqua época analógica, levávamos os rolinhos de fotografias para revelar: outro costume destinado ao fim, eliminado pelos superversáteis telefones do futuro. Em geral eram necessários alguns dias para receber as revelações, e em geral se perdia o comprovante, mas de qualquer maneira o atendente conseguia nos entregar o envelope certo sem se enganar; e, claro, tinha nos visto nas fotografias. Todo rolinho juvenil que tivesse um pouco de dignidade costumava conter ao menos uma foto embaraçosa, um clique pouco apresentável, obra de algum engraçadinho — irmão mais velho, irmã mais nova, amigo do irmão supracitado — que achou por bem nos imortalizar enquanto dormíamos de boca entreaberta, ou fazer uma incursão no banheiro enquanto estávamos na banheira com a cabeça ensaboada. De todo modo, havia sempre a certeza de que quando recebíamos o envelope amarelo com as fotos, o pessoal da loja tinha visto coisa demais, que não deveria ter sido vista. Mas para além dessas certezas, um tanto inabaláveis e de qualquer forma levadas na esportiva, todo o resto era uma surpresa. Em casa, repassávamos as fotos, uma a uma, tão lustrosas que bastava que a manipulássemos para deixar a impressão digital nelas. E descobríamos detalhes, dos outros e de nós mesmos, insuspeitos no momento do clique. Nos surpreendíamos ao nos ver com os olhos de quem tinha clicado, ao deparar uma fisionomia diferente daquela que conhecemos, totalmente controlável e controlada, que se encontra dentro do espelho.

Hoje, nas fotografias que tiram de nós, que tiramos de nós, nossa imagem se assemelha muito mais àquela do espelho do que à das fotografias analógicas. Porque vemos as fotos digitais imediatamente, e imediatamente, sem ter de esperar a surpresa da revelação, podemos decidir se saíram boas ou ruins, se nos reconhecemos ou não. Evitando explorar a possibilidade vertiginosa de descobrir como os outros nos veem, aprendendo a conhecer nossa imagem dentro das fotografias, avaliamos as possíveis perspectivas de outrem sobre nós com base no quanto nós mesmos julgamos que contêm de nosso, de autêntico.

Se as fotografias não nos agradam, podemos descartá-las logo de cara; não há tempo de espera nem surpresa com o resultado, porque em geral aquilo que há de surpreendente é justamente o desvio que é jogado fora. A *selfie*, aliás, permite prolongar o efeito do olhar no espelho, retendo-o dentro da fotografia: deve ser por isso que as pessoas mostram quase sempre um leve estrabismo, exatamente como quando estão diante do espelho, e corrigem o contorno dos lábios com o lápis, ou arrumam os cabelos. As *selfies* provocam certo estranhamento, justamente porque tornam visível a todos um olhar que aprendemos como um olhar secreto, privado. Quando tiramos uma foto com a tela voltada para nós, anulamos a surpresa de não saber o que será capturado pelo clique — surpresa que perdura, por exemplo, no autorretrato. Já sabemos qual será a imagem capturada; e se depois ela não nos convencer, acaba sendo apagada.

Tudo isso para dizer o quão sutilmente nos desacostuma às surpresas e aos inconvenientes da existência a mediação dos telefones, nossos eficientes apêndices na vida cotidiana. Mas para o efeito global de distanciamento da estupefação contribuem um pouco, de modo mais geral, todas as inovações tecnológicas dos últimos anos — penso nas redes sociais e naquela sensação que conseguem nos oferecer de estar em todo lugar, de poder ver tudo sem conhecer o efeito da experiência sensorial verdadeira (que, de fato, quando volta a acontecer, é sempre surpreendente); ou nos aplicativos de namoro, com a opção de explorar virtualmente, antes do encontro, catálogos inteiros de potenciais uniões românticas, e assim chegarmos preparados e, sobretudo, inabaláveis à estupefação, na medida do possível. A única surpresa prevista diz respeito ao grau de semelhança entre a pessoa que encontraremos e a foto com a qual ela escolheu se apresentar, aquela que evidentemente ela acha (ou espera) que melhor a representa.

Não estou dizendo que a possibilidade de nos fascinarmos, de sermos pegos desprevenidos pelos acontecimentos, tenha desaparecido da nossa vida por causa da tecnologia; é claro que continuamos a nos maravilhar, que ainda nos acontecem imprevistos, que a vida não se cansa de nos deixar boquiabertos, ainda que tenhamos um telefone sofisticado. Porém a relação de dependência de uma tela que está comodamente na palma da mão — que está nas mãos de todos, adultos, adolescentes, crianças desde muito pequenas — é um escudo fenomenal para atenuar o efeito subversivo da maravilha. Como não estamos mais acostumados à surpresa do toque do telefone, nem a encontrar no envelope uma fotografia na qual somos nós, mas que não se parece conosco, as extintas possibilidades cognitivas concentradas em nossos dispositivos-apêndices têm o efeito de espalhar uma camada uniforme de curiosidade um pouco *blasée*, porque sempre um pouco mediada, um pouco fria, sobre o modo como ficamos sabendo das coisas, como as olhamos, as procuramos, partindo do princípio de que tudo é mais ou menos acessível, mas sempre daquela maneira superficial à qual estamos habituados: acessível, mas sem a necessidade de penetrarmos. Interessante, mas sem a necessidade de nos perturbarmos.

É verdade, talvez estejamos num tempo de transição. Enquanto as recordações da era analógica, que têm pelo menos vinte anos, desbotam, o mundo muda velozmente e vai saber como será o futuro — talvez mais parecido com o presente do que podemos imaginar? Mas sem dúvida seria bom se a maravilha, como um rio intermitente, conseguisse percorrer a mudança, fluindo sob a terra e reemergindo, quando menos esperamos, numa forma compatível com nossa existência de amanhã, mas sempre rebelde em relação às forças que tendem a tornar a vida tranquilamente controlável, controlada, previsível e domesticada, tanto quanto se pode.

Acontece, por vezes, de me maravilhar com minha própria estupefação. Ocorre com frequência quando me sinto cansada, desanimada, e então percebo o quanto pesa, o quanto entristece, o olhar *blasé* com o qual resvalo as coisas quando não espero nada, por desânimo. Muitas vezes a natureza me desperta do torpor: um céu novo, a chegada da primavera quando eu não me lembrava mais dela. Alguma coisa que capto com o canto dos olhos, uma nuvem, um arco-íris, a tonalidade de uma flor que parece inventada pelo melhor dos estilistas. E volta à minha mente o que escreveu G. K. Chesterton: que nas fábulas corre vinho nos rios para nos lembrar, como uma surpresa, que corre água nos rios verdadeiros.

Perder a maravilha — não que seja um risco real, pelo amor de Deus —, mas até mesmo atenuá-la, silenciá-la, é algo que não podemos nos permitir. Porque se trata de uma emoção crucial: não por acaso Descartes a inscreve sem hesitar entre as paixões primárias, ou melhor, ousa sustentar que ela é inclusive «a primeira de todas»: as *paixões da alma* não têm razão de ser a não ser como reações aos fenômenos inesperados que nos deixam «maravilhados e estupefatos».[68] Sem maravilha não sentiríamos nada, não nos emocionaríamos nem mesmo por acaso. Deveríamos «aproveitá-la», portanto, porque favorece e encoraja o aprendizado. Depois, porém, aos poucos, de acordo com a prescrição cartesiana, seria oportuno que dela nos liberássemos, tal fosse uma

---

68. R. Descartes, *As paixões da alma*, parte II, parágrafos 69-70.

forma de ingenuidade de que, à medida que nos instruímos, não precisamos mais.

Todavia, a maravilha — que não pode ser induzida nem simulada; mas que acontece, e deve nos pegar de surpresa para ser verdadeira — é uma emoção importante de se preservar, justamente porque nos conduz a um estado quase infantil. Ela nos quer vulneráveis, mas alegres: prontos para deixar que a vida nos arrepie, nos intrigue. Ela nos confere uma atitude aberta, espontânea, que não alcançaríamos com pose nenhuma, nem se tentássemos ser retratados com o ar mais ingênuo de que somos capazes; e ainda tem um papel significativo em nossa vida cognitiva e também emocional.

Pode-se dizer que sem maravilha a filosofia não existiria: não fosse a estupefação, nenhum grego antigo vestido de quíton teria tido um arrepio de curiosidade tão forte a ponto de obrigá-lo a se fazer perguntas, a observar o céu, os fenômenos naturais, o mundo, com um olhar novo; a cair em um poço de pernas para o ar, como Tales, o primeiro dos filósofos, que mantinha os olhos fixos nas estrelas. No primeiro livro da *Metafísica*, Aristóteles elabora uma breve história da filosofia: breve, porque à época a filosofia era jovem, tinha atravessado poucos séculos, embora cheia de progressos fascinantes. E atribui a origem primitiva do ato de filosofar — ou seja, de se fazer perguntas e andar à caça de respostas em retrospecto, olhando para trás em busca das causas das coisas — precisamente ao estímulo da maravilha.

Na verdade, Aristóteles não é o primeiro a estabelecer essa relação entre filosofia e estupefação; Platão já havia pensado nisso no *Teeteto*: «Estou vendo, amigo, que Teodoro não ajuizou erradamente a tua natureza, pois a admiração é a verdadeira característica do filósofo. Não tem outra origem a Filosofia.»[69] Aristóteles retoma essa observação, em torno da qual chega a construir um apaixonante guia de história da filosofia.

Enorme é o poder da maravilha, que desestabiliza, faz as certezas desabarem e obriga, diante do espetáculo do bizarro e da fenda que nos abre para o real, a partir em exploração, buscando iluminar o que muda e o que permanece idêntico; a interrogar-se sobre os porquês. Se não tivesse sido capaz de se espantar, Tales nunca teria sonhado em cair em nenhum poço para descobrir os segredos do céu:

De fato, os homens começaram a filosofar, agora como na origem, por causa da maravilha: enquanto a princípio ficavam perplexos diante das dificuldades mais simples, em seguida, progredindo pouco a pouco, chegaram a enfrentar problemas cada vez maiores: por exemplo os problemas relacionados aos fenômenos da lua e aos do sol e dos astros, ou os problemas relacionados à geração de todo o universo. Ora, quem experimenta um sentimento de dúvida e de maravilha reconhece que não sabe; e é por isso que também aquele que ama o mito é, de certo modo, um filósofo: o mito, de fato, é constituído por um conjunto de coisas que suscitam a maravilha. Assim, se os homens filosofaram para libertar-se da ignorância, é evidente que buscaram o conhecimento somente com o intuito de saber e não para alcançar alguma utilidade prática.[70]

O estímulo à maravilha resiste, heroico, ao transcorrer do tempo; tanto que ainda perdura, embora entorpecido pela convivência com a tecnologia, a qual, desencorajando a mesmice, restringe o acesso à estupefação, que estamos muito mais dispostos a captar — preste atenção — quando

---

69. Platão, *Teeteto*, trad. Carlos Alberto Nunes. Belém: Editora UFPA, 2001, 155d.

70. Aristóteles, *Metafísica*, org. de G. Reale. Milão: Bombiani, 2000, I, 2, 982b.

nos entediamos. Por isso Aristóteles emprega a expressão «agora como na origem»: e assim abrange todos os homens na mesma urgência da busca, acolhe-os no interior de um questionamento universal, necessário à vida do indivíduo tanto quanto qualquer outro ato fisiológico, como respirar, comunicar, nutrir-se, crescer, morrer.

Muitos séculos mais tarde, Schopenhauer, no início de *O mundo como vontade e representação*, retomará essa passagem, ampliando a maravilha ao definir o aspecto mais específico da condição humana: a consciência da própria existência como um dado perturbador, fonte perene de estupefação. E, portanto, uma vida aberta à metafísica:

À exceção do homem, nenhum ser se maravilha com a própria existência; ao contrário, para todos os outros seres a existência é uma coisa tão óbvia, que não a percebem. [...] Dessa consciência de si e dessa maravilha nasce, então, a necessidade de uma metafísica que é própria do homem somente: este é, portanto, um *animal methaphysicum*.[71]

Se interrogamos as palavras, descobrimos que muitas línguas conservam traços da antiga aliança entre maravilha e filosofia, entendida como busca. Em grego, o verbo θαυμάζειν (*thaumàzein*) significa tanto «espantar-se, maravilhar-se», como «venerar, admirar», testemunhando o choque no momento da maravilha. O momento em que o mundo parece se mostrar sob uma luz nova, porque perdemos um ponto de referência, porque temos outro novinho em folha, ou até apenas porque somos pegos de surpresa por

---

71.   A. Schopenhauer, *Il mondo come volontà e rappresentazione*, org. S. Giametta. Milão: Bompiani, 2006, I, 1.

nosso olhar, que nota coisas que nunca tínhamos notado antes — não é assim, aliás, que nos apaixonamos?

Em italiano, «*meraviglia*» [maravilha] vem do latim *mirabilia*, ou seja: coisas admiráveis, plural neutro do adjetivo *mirabilis*, derivado por sua vez do verbo *mirari*: «olhar» — com estupefação; que, aliás, por sua vez vem de *stupeo*, portanto da mesma raiz etimológica de «estupidez»; porque se deixar estupefazer significa também se permitir ser ingênuo, um pouco tolo, aberto à experiência da *stupidera*, bela palavra milanesa que transmite a sensação de perder o controle, de diminuir a pressão para abandonar-se a uma gargalhada demente e às vezes imprópria, mas sempre perdoada. Seja como for, na maravilha a presença do olhar é forte, como no θαυμάζειν grego. O inglês, ao contrário, faz emergir a ambivalência construtiva entre maravilha e pergunta: *to wonder* significa tanto «maravilhar-se» quanto «perguntar-se».

Na maravilha, estão implícitas admiração e pergunta: demonstram-no as crianças, que se comportam à maneira dos filósofos. As crianças observam, se estupefazem; percebem que têm um corpo como se fosse uma extraordinária novidade, se comprazem em estar vivas, e ao mesmo tempo ficam surpresas com isso — exatamente como escreve Schopenhauer. Você já viu uma criança pequena quando ela descobre seus pés, quando descobre que pode movê-los, agitá-los, tocá-los? É um espetáculo de puro θαυμάζειν, que inspira a quem assiste uma sensação de maravilha absoluta. Como ver-se diante de um mistério, ou de um enigma, que diz respeito tanto ao bebezinho quanto ao adulto estupefato que, num tempo já esquecido, em sua história antiga, foi um bebê e riu da mesma maneira.

Aquilo que as crianças fazem, afinal, quando começam a falar, é ainda mais extraordinariamente semelhante ao que faziam os filósofos antigos narrados por Aristóteles: olhar, estupefazer-se, perguntar. Perguntas que se parecem com aquelas da filosofia em sua primeira juventude: de onde vem o mundo, de onde vêm as coisas? De onde viemos nós, e para onde iremos?

As estrelas sobre nossa cabeça são as mesmas estrelas de dois, três mil anos atrás; ou melhor, a imagem que nós vemos partiu de distâncias extremas do universo muito, muito antes que sobre a Terra começassem a contar os anos, a buscar a causa das coisas, a retraçar a alternância das civilizações. E as estrelas continuam a se espelhar nos poços nos quais, mantendo a cabeça voltada para cima, arriscamos tropeçar, inesperadamente; por outro lado, tropeçamos ainda que mantenhamos os olhos grudados no celular. Tropeçamos e basta, não importa o porquê.

Mudamos as formas da estupefação e da maravilha, talvez de certo modo estejamos nos desacostumando de ficar boquiabertos: nos sentimos constrangidos, pegos desprevenidos, expostos demais. É uma atitude que podemos conter sem esforço, e, de fato, contemos, com os olhos suplementares sobre nós mesmos que a tecnologia nos oferece. O que não muda é que a maravilha é uma emoção vital. Capaz de nos tornar — não importa quem somos ou quantos anos temos —, somente por um instante, idênticos a todas as crianças que um dia já se encantaram fitando o próprio pé, flexionando os dedos, e riram; idênticos a todas as mulheres e a todos os homens que tenham se perguntado *por quê*, e tenham erguido os olhos para olhar o céu, e sentido o mistério de estar no mundo.

«Felicidade alcançada, caminha/ Para ti sobre o fio da navalha»

Aos olhos, és vislumbre que vacila,
aos pés, tenso gelo que se racha;
e, portanto, não te toca o que mais
te ama.[72]
— Eugenio Montale

Fiquei a noite toda acordada, escrevendo. Não, não é verdade, não mesmo; dormi umas duas horas, mas só porque meus olhos ardiam. O resto da noite, porém, escrevi, só escrevi. Estou num hotel muito bonito, quase ninguém sabe onde me encontro. Não tinha a mínima necessidade de passar uma noite num hotel; mas me dei esse presente. Em geral não sou generosa comigo mesma, aliás, sou a única pessoa com quem me permito ser muito avarenta; se compro alguma coisa para mim, depois me sinto culpada, me acuso de ser imprudente em gastar tanto, que não nado em dinheiro; compenso dando presentes às pessoas que amo, e assim no final gasto mais, mas me sinto menos egoísta. Dessa vez, porém, foi diferente. Eu precisava de uma noite toda para mim, queria ficar em um lugar secreto, escondida do mundo — em um hotel na mesma cidade em que vivo, ou seja: a cem metros de casa. Na recepção, senti o peso da impostura: me descreveram o bairro,

---

72. «Agli occhi sei barlume che vacilla,/ al piede, teso ghiaccioche s'incrina;/ e dunque non ti tocchi chi più t'ama.»

o bairro em que moro há quase quatro anos. Murmurei que o conheço um pouquinho: um pouquinho, menti, mas sem exagerar. Foram tão gentis que não quis decepcioná-los. Por sorte, na carteira de identidade ainda consta meu endereço mais antigo, o da casa da minha infância, onde não moro mais desde que tinha dezoito anos, mas que permaneceu o ponto de referência, o porto, em tantos anos de vida errante. Hoje, há algum tempo já não sou mais a nômade que era, capaz de organizar uma mudança em menos de doze horas; entretanto, a sensação deliciosa, de provisório e de novo, que se respira somente nos hotéis, me fez muita falta nos últimos meses para que eu pudesse me negar o pequeno luxo de uma noite na qual finjo ser uma forasteira — claro, um pouco de improviso; claro, pela metade do preço; claro, atenta a não gastar uma fortuna. E dentro de poucas horas volto para casa.

Para escrever sobre a felicidade, eu precisava justamente daquilo que havia naquele quarto. O chinelinho de espuma embrulhado em celofane, os minifrascos de xampu e de sabonete líquido, a touca de banho, o número 9 a ser digitado no telefone para falar com a recepção, o termostato que não sei regular, um abajur de luz dourada no silêncio da noite — será que sou a única hóspede? —; uma mesinha de cabeceira nova, os lençóis perfeitamente esticados. Precisava da solidão, e me dei essa solidão de presente. Precisava das quatro da madrugada, escondida no escuro antes do amanhecer, à luz do monitor, escrevendo numa cama na qual é bem provável que nunca mais dormirei; precisava de um lugar secreto, como as crianças quando fazem uma cabana com os cobertores para, escondidas, contar histórias.

Cheguei da minha casa — 350 metros, me diz o navegador — com os livros dentro da mala. Tem Schopenhauer, tem Aristóteles, tem Proust. Tudo de que preciso para me concentrar, agarrar um pensamento pelo rabo e voltar a escrever, na solidão reluzente de uma noite límpida, muito fria, de inverno. Eu e meu quarto desconhecido, todinho para mim.

No último ano (escrevo isso esperando que chegue logo o tempo em que parecerá uma notícia irreal, uma voz fraca e terna como as coisas do passado recente, e, depois, bem, diretamente suave como sabe ser o passado remoto; embora receie que serão necessários ainda muitos esforços, e esperas para esse efeito *trompe-l'oeil*), no último ano, eu dizia, o mundo foi atropelado da noite para o dia por uma pandemia — não, da noite para o dia não é exato; nos *pareceu* sermos pegos desprevenidos, porque há coisas para as quais se está necessariamente desprevenido, de outro modo ninguém sobreviveria ao horror da vida diária.

«Pandemia» era uma palavra que eu nunca havia pensado em usar, até alguns meses atrás; podia reconstruir seu sentido, sabendo que παν- (*pan-*), em grego, é o prefixo que significa «tudo», e δῆμος (*dèmos*), por sua vez, quer dizer «povo»; mas eu teria tido dificuldade em imaginar como se poderia viver num mundo ameaçado (tudo, ao mesmo tempo: a população inteira) por um vírus agressivo e muito contagioso. As consequências foram imprevisíveis, em muitos aspectos trágicas; e ainda estão aí, provocam reações em cadeia, efeitos dominó, não param. Reagimos cada um de um modo, como sempre, com a sensação de por vezes estar mais isolado do que nunca, por vezes mais próximo dos outros por causa da vulnerabilidade em comum. Em mim, mas não apenas em mim, nos primeiros meses do longo ano em que aprendemos a usar com demasiada frequência a palavra «pandemia», notei o fortalecimento de uma tentação que conheço bem: a de me sentir sempre culpada — como se tivesse que, a cada passo, pedir desculpa a quem está pior, a quem sofre mais; como se pensar na felicidade fosse um ato de egoísmo irresponsável, indecente. Como naquele belo poema de Wislawa Szymborska, que diz assim:

Me desculpe o acaso por chamá-lo
necessidade.
Me desculpe a necessidade se ainda assim me engano.
Que a felicidade não se ofenda por
tomá-la como minha.
[...]
Me desculpe o tempo pelo tanto de
mundo ignorado por segundo.
[...]
Sinto muito, desertos, se não lhes levo
uma colher de água.[73]

Em um determinado momento, porém, foi como se o viver cotidiano, sua dificuldade, o cansaço, tivessem me concedido uma trégua de todo aquele sentimento de culpa. Não podia sustentar tal peso — ninguém pode —; e, depois, de que adiantaria? É verdade que não paguei minha dívida de sofrimento — mas, disse a mim mesma: onde está escrito que devo pagá-la agora, e precisamente nesses termos? E então tentei, com pequenas ações, com meus pensamentos, com todo o esforço que podia, tornar-me útil. Foi assim, inclusive, que nasceu este livro, entre outras coisas. Queria que fosse um livro de consolo, não num sentido tolo ou moralizante; mas um pouco como quando consolamos as

73. Szymborska, «Sob uma estrela pequenina», in *Poemas*, trad. Regina Przybycien. São Paulo: Companhia das Letras, 2011, p. 126. [N.T.]

crianças contando-lhes uma história que faz as dores parecerem menores, porque as mostramos num cenário mais amplo, mais completo, e nesse ponto as crianças se distraem, param de chorar, compreendem que não estão sozinhas. Eu pensava na frase de Epicuro: «É vão o discurso filosófico que não cura algum mal do espírito humano»; e, então, embora com certeza eu não me defina como uma filósofa, disse a mim mesma: tentemos! De todo modo, estudei filosofia; mais vale botar o que aprendi, o que pensei, a serviço de quem quiser.

Permiti-me consolar a mim mesma também, parei de me esforçar para expiar meus privilégios, minha sorte, e comecei a usá-los; pelos outros, por mim. Falei, escutei; amei mais do que antes, ou talvez apenas de um jeito diferente, porque o entorno do meu amor havia mudado — como o panorama muda quando chegamos a uma clareira —, a paisagem de meus medos. Alguns, que sempre estiveram lá, tinham desaparecido sem deixar rastros; mas a eles acrescentaram-se novos, jamais vistos.

Nesse ano pesado compreendi sobretudo duas coisas. A primeira é o quanto amo a vida, mesmo nas dores. Em um tempo de uma intensidade pungente, de renúncias, ansiedades, preocupações, senti a tenacidade com que, como uma planta trepadeira, todos os anos que vivi até agora me enraizaram no mundo. Senti o quanto a dor dos outros está ligada à minha, e a minha à dos outros, nas vidas suspensas, nos gestos interrompidos quando, no início, esse momento de pausa da vida como a conhecíamos parecia a todos que duraria pouco. Agora, enquanto escrevo em um hotel de Roma, onde provavelmente sou a única hóspede, sinto que minha ansiedade, para além da preocupação por quem é frágil, por quem está perdendo tudo o que pode perder, é a ansiedade de uma mudança que se dá a entrever: a metamorfose iminente do mundo que até aqui chamei de mundo. O que acontecerá amanhã, daqui a um mês, daqui a um ano, com a vida que eu conhecia e amava? Com os cinemas fechados, os teatros sem atores, os aviões vazios, as estações de trem semidesertas? O que será dos hábitos que adquiri e não pensava ter de abandonar? Não encontro respostas. Não sei, essa é a verdade: mas se o ano passado me mostrou alguma coisa, é como somos flexíveis na mudança. Nunca amei tanto a vida como desde quando a vi tremer e me assustei. Nunca tinha tido ideia do quanto era forte a minha obstinação pela felicidade — foi uma verdadeira surpresa.

Não estou falando de ver tudo cor-de-rosa, ou de esquecer o lado obscuro das coisas — pois, ao contrário, nunca me senti tão agredida como nesse ano, e culpada por todas as vezes que me permiti ignorar o que me dá medo. Mas, diz Aristóteles, assim como ninguém poderia sequer se dar conta da coragem, se não tentasse, se não sentisse medo, do mesmo modo a ameaça à felicidade faz sobressair a urgência da vocação, tão humana, de persegui-la, de agarrá-la, e buscar um modo de mantê-la por perto.

Em plena pandemia me empenhei para decifrar o enigma: compreender o segredo da felicidade. Havia uma ideia que não me abandonava, uma ideia gerada pela sabedoria grega que, no entanto, de tanto revirá-la entre as mãos, me parecia cada vez mais nova, novinha em folha. A ideia de que a felicidade é uma verdadeira vocação do homem, de todos os homens, a ser perseguida como uma virtude, nas palavras de Aristóteles. Não um momento de despreocupação, mas um longo trabalho de conhecimento. E note que não disse *o fruto de um longo trabalho* etc. etc., porque

outra coisa importante que os gregos sabem nos ensinar é
que a meta, o objetivo, a chegada não contam tanto quanto
a maravilha da viagem.

No verão de 1960, o antropólogo Jean Rouch passou
dias inteiros vagando pelas ruas de Paris, acompanhado
do filósofo Edgar Morin, e não para flanar, como também
teria sido legítimo. À maneira de Sócrates, que na Atenas
de sua época submetia qualquer um que estivesse ao seu
alcance a perguntas sobre as grandes questões, os dois pa-
ravam os passantes, interrogavam-nos. Eles, porém, em vez
de entabular longos diálogos maiêuticos com as pessoas,
faziam sempre a mesma pergunta: *Você é feliz*? As respostas, filmadas e reunidas, compuseram um grande retrato
sociológico coletivo que se transformou num clássico do
cinema-verdade, *Chronique d'un été* [Crônica de um verão],
que procura reter um momento dentro dessa pergunta crucial. Além disso, como ensina Fausto no instante em que
assina sua condenação — vende a alma ao diabo em troca
da satisfação de seu desejo de parar o tempo —, o momento feliz, o momento perfeito, aquele que gostaríamos que
durasse para sempre, é um *Augenblick*: o «piscar de olhos»
da felicidade. A pergunta de Rouch e Morin é uma pergunta
delicada e profunda, embora dirigida a desconhecidos por
desconhecidos. É uma pergunta ingênua, premente. Uma
verdadeira pergunta. Você é feliz? Somos felizes? Sou feliz?
Há quanto tempo não nos perguntamos isso?
E sobretudo: sabemos responder sem hesitar, ou precisamos pensar a respeito?
Faz bem responder a essa pergunta de tempos em
tempos. Ainda que a resposta seja «não», ainda que só de
ouvi-la a gente caia no choro — isso também acontece, tudo

bem. Mas é importante não esquecer o que a felicidade foi para os gregos: uma vocação. Lembrar que é um direito buscá-la, tentar persegui-la. Que ela é objeto da filosofia, não (ou não apenas) de autoajuda; que não é um capricho, uma derrogação ou um prazer culpado a ser arrancado de uma ideia sisuda, totalmente prescritiva, da vida, e sim pura, plena virtude no sentido aristotélico. Alguma coisa que responde às razões mais autênticas do nosso viver. E que, embora infelizmente não caminhemos pelas ruas de Paris no preto e branco daquele filme de verão, nem mesmo nós escapamos à pergunta de Rouch e Morin, onde quer que estejamos, em qualquer rua que estejamos percorrendo: *Somos felizes?*

Ser feliz, por outro lado, se não é indulgência culpada nem traição quanto aos supostos «deveres» que a vida nos inflige, tampouco é mérito. Não é algo que devemos forçosamente exibir, imortalizar em fotografias para mostrar a torto e a direito — ainda que nos agrade fazê-lo, com a colaboração das redes sociais. Escrevemos legendas como *#happy*, *#happylife*, *#happiness*, e chovem imagens de cafés da manhã nababescos, resplandecentes de sucos e frutas, cômodos cheios de luz e de plantas, sorrisos de 32 dentes, mais sorrisos, praias e momentos perfeitos, que, porém — o pensamento me surpreende agora —, alguém teve que se dar ao trabalho de interromper, mesmo que apenas por um instante, para poder fotografar.

Eu mesma, quantas vezes suspendo um momento que me parece perfeito para tirar uma foto. E enquanto clico, onde estou? Nem dentro nem fora. Eu me digo que é importante conservar os instantes, fazer deles pequenas relíquias — criar uma espécie de despensa ideal, um celeiro apinhado de provisões de felicidade para quando vierem os tempos mais duros.

Epicuro também não prescrevia a seus discípulos reservar as memórias felizes para revivê-las nos momentos de sofrimento? Ele não podia ter em mente, é óbvio, as fotografias, mas instintivamente, com os meios que tenho à disposição hoje, bem longe do século IV a. C. em que Epicuro forjava sua ideia de vida feliz (ou seja, não passível da coerção das objeções de quem pensa que a felicidade é, ao contrário, impossível, inatingível, enfim, inconsistente), me dou conta de que quando fotografo alguma coisa à qual sinto querer retornar, vou naquela direção, percebo que avanço para a criação de um estoque pessoal de minutos perfeitos. Porém — há um porém. Porque, claro, que mal há em usar o meio fotográfico para conservar um piscar de olhos e fazê-lo durar para sempre; mas talvez Epicuro pretendesse uma coisa que eu, no frenesi do enquadramento e do clique, tenha esquecido completamente. Que sim, tudo bem arquivar os instantes felizes, guardá-los para os dias de chuva; mas antes de documentá-los seria importante vivê-los até o fim. E essa acrobacia, a que me obrigo para ter certeza de conservá-los, é como se toda vez eu saltasse para fora — fora de mim, fora do momento. Fora, para ser testemunha, sempre, nunca protagonista.

A imagem da felicidade com que cresci assemelha-se muito a uma fotografia: um instante frágil, impossível de reter. Quase sempre captado apenas quando já é tarde, como uma flor que começa a murchar. Uma felicidade feita de momentos, aos quais é preciso prestar muita atenção, porque, se não se capta a perfeição dos momentos únicos roubados da fadiga do viver, ela esvanece como uma bolha de sabão.

Uma felicidade pontuativa, fugidia, um pouco como aquela esboçada nos versos, talvez até apócrifos, de Prévert: «reconheci a felicidade / pelo rumor que fez ao partir».

Mas eu estou nas fotos que tiro? Sim e não. Tem o meu olhar, a minha mão que faz clique. Eu, mesmo quando são autorretratos, estou e não estou — tomada demais pela orquestração do momento, para estar ali dentro.

Volta à minha mente, hoje mesmo, uma recordação de infância. Seis anos, as férias de inverno do primeiro ano do primário; eu vestia um blazer vermelho e me deram de presente de Natal uma máquina fotográfica toda para mim. Estava animada com aquele presente de gente grande e ainda mais pela viagem que nos aguardava. Um lugar do qual eu tinha apenas ouvido o nome, e era um nome encantador, uma reluzente promessa azul — a *Côte d'Azur*. A minha primeira viagem à França, e acho que o meu amor pela França também vem daquela viagem, assim como minha paixão pelos hotéis. Ainda lembro, como se fosse ontem, a emoção de ouvir um cerimonioso funcionário do hotel de Roquebrune me chamar de *mademoiselle*. Daquela viagem, eu, que aos seis anos era obcecada pela ideia de ter que me tornar adulta e esquecer os momentos que vivia — se soubesse então o quão tenazes teriam se revelado depois as memórias da infância, o quão infinitamente mais tenazes do que todas as memórias seguintes! —, meti na cabeça que documentaria cada instante. O deslumbre do mar de inverno sob os arbustos e os ciprestes verde-escuros do litoral; o mar que me parecia tão azul, até porque estávamos na *Côte d'Azur*. A *Promenade des Anglais* em Nice, um restaurante onde descobri o *croque monsieur*. Clique, clique: um pela avenida, outro pela incrível torrada envolta em queijo. Uma escultura de Mirò no jardim de um museu, num vilarejo cujo nome ainda recordo com prazer, Saint-Paul-de-Vence. Clique. Os vitrais que contavam uma história mágica, e o nome do pintor que os desenhara, Chagall, que me fazia rir porque o imaginava como um galo com barbelas gigantescas, desgrenhadas. Clique. Meus pais, minha irmã com um blazer idêntico ao meu, só que de um tom mais claro. As conchas da praia, e — clique! — a minha paixão: os gravetos de madeira lustrados pelo mar, vindos sabe-se lá de que árvores, polidos pela maresia e pela viagem. Os fragmentos de vidro — todos polidos também — que o mar cuspia de volta e que sempre me pareceram preciosos como joias. Clique — clique — clique — eu fotografava tudo com entusiasmo. Não via a hora de voltar para casa e revelar as fotos, organizá-las num daqueles pequenos álbuns amarelos com capa de plástico, e folheá-las sempre que quisesse, consumi-las para sempre reviver desde o início aquela viagem extraordinária — a história da princesa Grace Kelly que se precipitou de carro de um rochedo, o cassino, a praia de Picasso com suas camisetas listradas, um hotel onde fui chamada de *mademoiselle*.

Mas, como sempre, eu não havia previsto minha impaciência. Uma noite, pouco antes do fim das férias — que eu sentia se aproximar com a angústia de ter que voltar para a escola e a dor de saborear os últimos dias —, faltavam ainda doze fotografias das 36 do rolo todo: eu tinha sido prudente, havia economizado aqueles doze espaços livres para imortalizar a viagem de volta, mesmo sabendo que seria repleta de melancolia em comparação à ida... Mas, enfim, me bateu a curiosidade de ver como tinham ficado aqueles benditos 24 retratos já tirados. Estou falando naturalmente de uma máquina analógica, eram os anos 1990 e a ideia de poder ver as imagens antes num pequeno visor era impensável. Eu imaginava que abrindo o compartimento do rolo encontraria uma prévia das fotos, que poderia olhá-las contra a luz como se fazia com os negativos, ainda mais atraentes do que as próprias fotos impressas por seu mistério em miniatura. E assim apertei a tampa e abri, sem saber que a luz queimaria as imagens. Meus pais perceberam tarde demais o desastre que eu tinha arranjado. O rolo estava destruído para sempre, minha dor inconsolável. Nem tirei as doze fotos remanescentes; e as outras 24, que por teimosia quis revelar mesmo assim, não passavam de halos escuros, com alguns fragmentos, nos cantos, de azul, de ciprestes, de Mirò.

E, no entanto, daquela viagem ainda me lembro, talvez de um modo um pouco infiel, de uma infinidade de detalhes; como se a película impressa não fosse a do rolo arruinado pela luz repentina, mas a minha cabeça, a minha memória, que, a seu modo, narra e tece as recordações, e numa caixa bagunçada qualquer do inverno de 1993 conserva um pequeno estoque de imagens azuis, felizes, que até Epicuro aprovaria.

Muitas vezes troquei a felicidade por momentos felizes. Como se confundisse uma linha reta projetada ao infinito com algum — um punhado, quase nada — dos pontos que a formam. Porém é preciso mais do que alguns pontos (que também são necessários) para lançar uma reta rumo ao infinito.

Para uma pessoa complicada como eu, a ideia de não reconhecer a felicidade, ou pior, de reconhecê-la apenas quando ela está prestes a ir embora na ponta dos pés, sempre foi um tormento. Aliás, se pensamos a felicidade como algo intermitente, devemos também levar em conta que de tempos em tempos ela desaparece. Mas havia outra coisa que me obcecava. Sempre tive a sensação de que me faltava alguma coisa em comparação aos outros; um instinto, um impulso. Sempre acreditei que todos soubessem viver, que soubessem como fazer, todos menos eu. Eu me perguntava o tempo todo, desde pequena, e nunca parei: é possível que isso que estou vivendo seja mesmo a vida? E que as grandes coisas de que se fala — o amor, a dor, a felicidade — sejam aquelas que eu acho que vejo? Ou por alguma estranha razão talvez tivessem me empurrado uma versão simplificada, como quando aos nove anos estava convencida de ter lido *Robinson Crusoe*, e na verdade era uma edição adaptada para crianças? Só há pouco comecei a entender que essas perguntas, que acreditava minhas, são perguntas de todos. Só há pouco entendi que não sou especial, nem mesmo nas coisas em que eu acreditava ser pior do que os outros. Foi um alívio — não imaginava.

Será possível, me perguntava então, que a famosa felicidade de que tanto se fala se resumisse a isso — uma coleção de instantâneos, com certeza adoráveis, mas evanescentes, mais parecidos com pequenos prazeres sem sentido do que com epifanias irreversíveis —, e que a minha relação com a felicidade estivesse destinada a girar incessante em torno de si mesma, atormentando-me com a ideia de uma revelação continuamente recusada?

Para os gregos a felicidade estava longe de ser uma euforia, tampouco seria os pequenos átimos de despreocupação com os quais com frequência a identificamos hoje. Para eles era uma coisa muito mais estruturada e disciplinada:

a palavra grega para felicidade — εὐδαιμονία, *eudaimonìa* — remete à importância de ter «um bom *daimon*». Ter um bom *daimon* é questão de sorte, mas também, e sobretudo, de fidelidade ao que somos, à nossa vocação mais real e íntima. Foi Sócrates quem mencionou o *daimon* na *Apologia*, numa das situações mais dramáticas da história do pensamento: processado, levado ao tribunal por seus concidadãos sob a acusação de corromper os jovens da cidade, de tanto fazer perguntas a todo custo, ele poderia tranquilamente se desculpar, se retratar, ser defendido por um advogado, convocar seus filhinhos para depor em lágrimas, comover a todos, apelar para a clemência da corte. Não fez nada disso.

Decide, ao contrário, defender-se sozinho, e se defende de uma maneira incompreensível para a maioria do auditório. Ou seja, dizendo: bem, vós me acusais, mas não sou culpado de nada. Porque sempre permaneci fiel ao meu *daimon*.

Há muitas hipóteses divergentes acerca do que seja este *daimon*. Não é exatamente o que chamamos consciência, e que em geral se faz sentir *depois* da ação que nos angustia; e tampouco é um antepassado do Grilo Falante de *Pinóquio*, porque não explica o que deveria ser feito, não prescreve nada. Sócrates fala dele como uma força que conhece desde a infância; toda vez que se faz sentir é para impedi-lo de praticar ações que não correspondem a ele. De forma simples, é um chamado de volta à fidelidade a si mesmo. Só que para conseguir ser fiel a si mesmo não basta deixar ressoar essa vozinha interna, evitando sufocá-la; é preciso também se conhecer, compreender quem se é. O que é a tarefa mais elevada e mais importante a que se propõe a filosofia antiga. «Conhece-te a ti mesmo» é o lema inscrito no frontão do templo de Apolo a Delfos. *Conhece-te a ti mesmo* — é uma expressão: razão pela qual está claro que ser feliz, isto é, conseguir viver em harmonia com esse apelo a não se trair, não é nada fácil, e também não devia ser nada fácil à época do processo narrado na *Apologia* — tanto é verdade que conhecemos o trágico destino de Sócrates e dele lembramos ainda hoje. E com certeza lembrava-o muito bem Platão quando escreveu a *Apologia* e fez Sócrates proferir seu discurso «demônico». Mas essa ideia da felicidade como reconhecimento de nós mesmos — um reconhecimento que não pode prescindir de captar também nos outros o sinal, diria nosso caro antigo moderno, Montaigne, da condição humana — fala também a nós. Hoje somos prisioneiros da ideia de que ser feliz significa viver despreocupado, exaltado, inconsciente; e do corolário especular a essa ideia, segundo o qual o estudo, a disciplina, a aventura de «conhecer a si mesmo» deveriam ser atividades insípidas, ascéticas.

Pensar na filosofia dos antigos foi meu modo de me libertar dessas estúpidas dicotomias punitivas que por muito tempo me impeliram a olhar para a felicidade como uma embriaguez passageira, que por sua natureza deve passar — como uma ilusão. Graças aos gregos entendi o quanto é injusto designar à felicidade esse status de inconsciência; assim como é injusto pensar que ser sábio significa tornar-se maçante e infeliz, e incapaz de viver a vida. Para os gregos, o sábio era feliz; eles não conheciam nossas simplificações.

E acho que deveríamos aprender alguma coisa com eles em relação a isso. Eu tentei; busquei a ajuda de Sócrates que se defende às custas do *daimon*, com a sua barba branca e o nariz achatado; tentei somar ideias diversas de felicidade em vez de suprimi-las.

E compreendi que não existe nenhum segredo, nenhuma receita, mas apenas modos criativos de ser feliz eliminando, por encanto ou diversão, a mania de se desculpar pela própria alegria. Tentei parar de me envergonhar de querer ser feliz; inventei um falso restaurante na varanda quando não se podia mais jantar fora, e pensei que *felix* quer dizer «fértil». Na felicidade não deve haver ensimesmamento, embaraço nem vergonha, mas aquela força expansiva que nos leva a ter uma grande fome de vida, uma ânsia de existir que nos atinge quando menos esperamos.

Também para Espinosa a alegria é uma «passagem da menor para a maior perfeição»: um modo de ser mais enraizado no mundo, mais ativo, mais vivo. Em uma palavra, mais presente no ser. A angústia de perder meus belos momentos, meu *Augenblick* irrepetível, diminuiu quando entendi que a felicidade não é apenas um instante, mas um percurso, quase uma viagem, que atravessa também minhas tristezas. Que não devo me esforçar para reter nada, mas apenas ser, ser sempre. Porque se a felicidade é uma viagem que não pode evitar florestas escuras, dolorosas, ameaçadoras, então os momentos que estamos acostumados a considerar felizes, aqueles pequenos prazeres intensos que recordamos, são as pastagens alpinas nas quais podemos parar, mesmo que apenas um pouco, para saborear o amargo, profundo prazer de existir.

Gratidão, o sentido de estar no mundo

Benfeitor (s. m.) — Aquele que
adquire ingratidão no atacado,
sem, no entanto, alternar seu preço,
que permanece sempre ao alcance
de todos.
— Ambrose Bierce

Durante muitos anos fantasiei sempre a mesma cena.

Eu recebia um presente; e ora eram meus pais que me presenteavam, ora meus amigos, ou o namorado da vez. Na verdade, a cena era um plágio; eu a vivia e revivia na minha imaginação, sim, mas todos os elementos eram de uma famosa sequência de um clássico de Walt Disney de 1955, *A dama e o vagabundo*. Na manhã de Natal, ou na manhã do meu aniversário, ou numa manhã qualquer, para tornar ainda mais perfeita e inesperada a surpresa, um determinado doador — parente, amigo ou namorado — me estendia uma caixa de papelão, grande, mas não enorme, atada com um belo laço vermelho. Minhas perguntas sobre o conteúdo da caixa — insistentes e, para ser precisa, supérfluas, visto que eu poderia muito bem desembrulhá-la, mas na imaginação eu gostava de prolongar o instante delicioso no qual a revelação estava ao alcance das mãos, mas ainda não havia sido consumada, o instante que precede a beatitude — recebiam como resposta apenas sorrisinhos enigmáticos e dissimulados. Assim, eu pegava a caixa, balançava-a, e me parecia sentir dentro um movimento quase imperceptível, um tremor, um pouco mais do que isso. Finalmente eu a abria; e sempre, vivendo dentro da minha cabeça aquele instante, meu coração parava, depois recomeçava enlouquecido; porque dentro da caixa estava o desejo que eu havia expressado a cada oportunidade de magia possível, a cada primeira cereja de verão, a cada cílio mantido entre os dedos, a cada estrela cadente, e que, porém, jamais fora concedido: um cão.

Eu tinha mais ou menos sete anos; havia me apaixonado por um cão pela primeira vez e por alguns dias vivi a ilusão de que poderíamos mantê-lo. Estávamos de férias na casa da minha avó nos Apeninos, era fim de agosto, acho, porque lembro que pouco depois tivemos que voltar a Milão e meu coração estava mais partido do que de costume no momento da viagem.

Voltávamos para casa de um passeio, uma noite, quando um cão se aproximou. Não saberia descrevê-lo bem; lembro apenas que era muito desgrenhado, desengonçado, não exatamente o que se chama de um belo espécime. Os pais deviam ser vira-latas, uma mistura de raças desconhecidas e imprecisas; tinha os olhos fundos, irresistíveis, de cães que têm que se virar sozinhos. Aproximou-se, e meu pai, que me ensinou a amar os animais desde a infância, explicando-me que não se esmagam as aranhas porque provavelmente elas têm uma mulher aranha e aranhas bebês que esperam por elas, percebeu que o cão tinha as orelhas perfuradas por carrapichos. Ajoelhou-se, e o cão permaneceu imóvel até que fossem retirados com paciência, um a um, aqueles espinhos pontiagudos que o incomodavam. Nós, de pé, segurávamos a respiração olhando a cena, aquele cão desconhecido tão dócil, aquele encontro inesperado que aos meus olhos de criança tinha algo de mágico. O cão ficou tão agradecido pelo tratamento improvisado na beira da estrada que continuou o passeio conosco, seguiu-nos até a casa. Lembro-me do sentimento de incredulidade a cada passo — espreitava-o de esguelha, temendo, todas as vezes que lhe lançava um olhar, que tivesse parado de nos seguir. Mas não, ele trotava ao lado do meu pai, como se tivesse encontrado um velho amigo. Em casa, provavelmente lhe demos algumas sobras, um pouco de água, e ele permaneceu sentado sobre as pedras do pátio. Fomos dormir, certos de que durante a madrugada ele retomaria seu caminho de viajante solitário; me parecia evidente que tinha um destino que apenas ele conhecia. Não trazia coleira nem plaquinha, parecia não ter dono.

De manhã, ainda lembro como se estivesse agora diante dos meus olhos, o cão estava ali, na frente da porta de casa. Pareceu feliz em nos rever. Fiquei enlouquecida de alegria. Comecei a fantasiar que o levaríamos conosco para Milão, que se quebraria a férrea convicção de meus pais de que ter um cão na cidade, «sem um jardim», é trabalhoso e até mesmo errado; convicção que, com efeito, entre minhas súplicas e os olhos daquele cão desgrenhado, parecia começar a ceder.

Depois o cão desapareceu, da noite para o dia. Não lembro como aconteceu — lembro-me apenas da tristeza, ou melhor, sem exagero, do desespero. Não sei como, vim a saber que o tinham pegado e levado para o canil: um vizinho o denunciara, decerto porque, entendi mais tarde, desaparecera alguma galinha. Aquela palavra, «canil», permaneceu impressa na minha cabeça por muito tempo, como um lugar assustador e hostil, que havia me impedido de realizar o sonho mal eu o tinha vislumbrado.

Foi então que comecei a me entregar avidamente à fantasia da caixa fechada com o laço e um cão dentro. Em vez do cão, com os anos vieram dois patinhos (depois transferidos para o campo quando o apartamento se tornou pequeno demais para os jovens e ativos palmípedes), um peixe dourado, um casal de passarinhos, uma gatinha cinza e um gatinho laranja, que me foi dado de presente pelo meu namorado do ensino médio, e assim de certa forma se aproximava um pouco da minha fantasia. Amei-os todos perdidamente, mas dentro de mim permanecia, constante, a impressão daqueles olhos sérios de cão.

Enfim, depois de muitos anos e de muita vida errante, ficou claro que nunca receberia a caixa com o cão, e comecei a suspeitar que talvez nem fosse o que eu desejava de verdade — o filhote, a surpresa. Voltei a pensar na palavra hostil que eu tinha descoberto quando criança — canil. Peguei o telefone e contatei uma voluntária que colaborava com um canil de Roma. E um belo dia preparei um bilhete para o meu namorado, o qual eu havia convertido ao amor pelos cães por meio de um paciente trabalho de erosão de suas dúvidas; tanto que, depois de todo o trabalho que eu havia tido para convencê-lo da beleza de ter um cão, ele começou a ficar impaciente para pegá-lo, enquanto eu, como sempre, com a proximidade da realização do desejo, tinha começado a postergar, a adiar a alegria, a dizer vamos pensar nisso amanhã. Até que decidi tomar coragem e pôr fim às hesitações, e naquele bilhete eu fiz um desenho rudimentar de um cão, com a legenda explicando que era um vale para uma visita ao canil — meu presente pelo aniversário dele e do nosso namoro. Isso e um suéter.

Nunca mais esquecerei a manhã em que fomos ao canil. O canil era como eu havia imaginado — uma prisão, cheia de cães. Eu não tinha previsto, porém, o cheiro e os olhos dos cães, e os latidos daqueles que tentavam, ouvindo passos, chamar atenção. Chovia muito e o ar úmido, desesperado, tinha um quê selvagem; os cães latiam, batiam a cabeça contra as jaulas, saltavam. Ao lado de cada porta, numa folha, o nome, o peso, as alergias, os sinais particulares. Em algumas, estava escrito que o cão tinha sido confiscado junto com os bens do dono, que se encontrava na prisão. Eu pensava com dor naquelas separações, que sentia com uma força que não queria sentir, que me assustava. Lembro que não consegui conter as lágrimas. Disseram-me: é normal, então não me envergonhei mais.

Havia um cão, um cão dourado, embora não se percebesse tanto, porque o pelo estava imundo, grudento, como que empoeirado; um cão pequeno, mas não minúsculo, digamos baixote, mas nem isso se via muito bem, porque ele estava deitado de lado. Seus olhos eram de uma tristeza que raramente vi na vida, olhos resignados: ou talvez tenha me parecido assim porque foi o único que não se levantou, que não latiu, que não se lançou contra a porta da cela. Na folha, o nome Stanislau; peso 14 quilos, encontrado vagando. Um cão vira-lata com um longo arranhão que cicatrizava no focinho — seria herança de alguma briga, teria passado debaixo de uma cerca? Vai saber.

Era o nosso cão. Duas semanas depois daquele dia de chuva nós o levamos para casa; ele estava com medo, no carro, e durante todo o trajeto senti seu coração batendo acelerado sob o pelo respingado de lama. Ivan Granziani cantava *Agnese dolce Agnese*; deixamos a música continuar para acalmá-lo, mas ele estava assustado, e nós também.

Fazia sol, um sol de inverno, e no centro exato do medo eu sentia uma gratidão nova; o coração do cão que batia contra o meu, o meu desejo nunca realizado de receber um filhote numa caixa. Se tivesse acontecido, se no labirinto das causas e efeitos o meu destino tivesse tomado aquele caminho, eu não teria tido tanto medo assim, nem o coração do cão contra o meu, nem Ivan Graziani, nem os olhos do meu namorado cheios de amor no espelho retrovisor, que encontravam os meus e sorriam por trás dos óculos escuros.

Chegando em casa, Stanislau, que já tinha trocado de nome e se chamava Emilio, primeiro correu até o final do corredor, até a janela, e se levantou sobre as patas traseiras para chegar com a cabeça no peitoril e olhar para fora, para a casa da frente, para a rua. Procurava uma saída. É um cão, nunca poderá nos contar sua história, o que o terá levado, num dia de outono, a ser encontrado «vagando» com aquele arranhão no focinho. Alguma coisa devia ter lhe acontecido; demonstrava ter muito medo, não descartávamos que tivesse sido maltratado. Consultamos um adestrador, dois, todos diziam a mesma coisa. É preciso paciência e amor. Durante semanas não ouvimos sua voz; não latia. Durante semanas corria para se esconder se eu por acaso pegasse a vassoura. No restante do tempo ficava colado em mim, me seguia para todo lado; se eu estava no banheiro, gania atrás da porta. Na rua, parava o tempo todo para se levantar sobre as patas traseiras e me abraçar com as dianteiras, um gesto que ainda repete; mas agora não é por medo — de ser abandonado, ignorado, esquecido, espancado. Agora faz isso quando está feliz. Enquanto escrevo estas palavras, está do meu lado, no sofá, com a cabeça apoiada na minha coxa; dorme e respira forte, diria até que ronca. Sinto, no abandono da cabeça dourada contra a minha perna, a confiança que tem em mim.

Esse cão que foi maltratado, quase com certeza abandonado por seu antigo dono; esse cão que não sabe brincar, que tinha pavor de latir, que quando via uma vassoura pensava que viria pancada, confia em mim. Lambe meu nariz de manhã para me acordar, me olha com a língua de fora quando quer sair, ou quando tem fome. Deixa que eu penteie seu pelo com uma escova cheia de cerdas, que eu lhe aplique frascos de antipulga, que lhe bagunce os pelos das orelhas. Se paro de acariciá-lo, pede mais com leves patadas.

Confia em nós; se o deixamos meia hora sozinho em casa, ou se devo sair para trabalhar e ele fica com meu namorado, quando volto, quando estamos todos juntos, faz uma festa que dura minutos de alegria incontrolável, e salta, e dança, e uiva, e abana o rabo. E penso que levei todo esse tempo — toda a dor, e o medo, a covardia, e a coragem, e a vergonha, e o embaraço; e todas as vezes que quis dizer alguma coisa e não ousei pedir e depois me senti ofendida, porque ninguém tinha entendido, todos os olhares que eu gostaria de desviar de mim e que, ao contrário, me viram, todos aqueles que me interpretaram mal; toda a inveja, e o ódio e o ressentimento, e todo o resto — para me ensinar a aceitar aquilo que, antes de ter percorrido esse caminho, eu não saberia acolher. Essa confiança e esse tipo de amor, que na língua dos cães com certeza tem outro nome, mas pelo que me parece se chama exatamente assim, amor.

Com muita frequência, ao longo da vida, pensei, talvez com ingenuidade, talvez meio riponga, que o amor fosse a solução para tudo. Para a infelicidade mais obstinada, para o desânimo, para a insegurança e, às vezes, até para a inveja e para a antipatia. Demorei tanto tempo para entender que não era verdade, ou melhor: não completamente. O amor pode acabar sendo desperdiçado, ou rejeitado, pode não vencer nada apesar da obstinação em o colocarmos no centro, apesar da obsessão de que ele deve nos salvar. Acreditei nisso por muito tempo, mas mesmo propensa a acreditar nessa salvação abstrata, eu não sabia aceitar o amor. Tinha medo de todo olhar que me visse, medo de ser pega com a guarda baixa. Rejeitei tanto amor, sem prestar atenção, dessa maneira: estava aprisionada num curto-circuito de ingratidão.

Por outro lado, não posso querer demais: a gratidão é um sentimento poderoso (portanto, inevitavelmente complicado), todo mundo sabe, e desde a Antiguidade. Para Cícero, por exemplo, a gratidão não é apenas a maior das virtudes, mas também «a mãe de todas as outras».[74] É o seu substrato, a premissa necessária. Sem o vínculo que o reconhecimento

---

74. Como sustenta no discurso em defesa de Gneo Plancio. E em *Dos deveres* (Livro II, XX) leva adiante a reflexão: «Quando se tem consideração por alguém, ordinariamente, é por seu caráter ou por sua fortuna. Na verdade, a maioria tem mais consideração pelo mérito que pela fortuna. A expressão é honesta, mas onde se encontram os que não seriam capazes de servir melhor um homem rico e poderoso do que um pobre, ainda que este seja homem de bem? Pendemos sempre para aquele do qual esperamos uma recompensa que seja mais considerável e mais pronta.
Mas penetremos um pouco mais a fundo nas coisas. Se o pobre é homem de bem, será reconhecido pelo favor recebido, mesmo que não possa pagar. Conforme dito de forma apropriada por alguém: aquele que ainda tem dinheiro não pagou sua dívida, e quem pagou não mais o tem; mas aquele que devolve uma gentileza a tem, e quem a tem a devolve. Os ricos, os grandes, os felizes não gostam de se sentir obrigados por benefícios. Entendem que, por isso mesmo, aqueles que lhes prestam os mais consideráveis serviços são sujeitos à suspeita de esperar ou desejar deles qualquer coisa. Para eles é pensamento mortal pensar que os tomam sob sua proteção e que os tratam como seu cliente». Ed. bras.: *Dos deveres*, tradução e notas João Mendes Neto. São Paulo: Edipro, 2019, livro II, XX, p. 133.

estabelece entre os homens envolvidos em uma relação de benefícios oferecidos e recebidos, não haveria espaço para os comportamentos virtuosos.

Curiosamente, a psicologia contemporânea está dedicando muito espaço e interesse à gratidão e ao estudo de seus efeitos no bem-estar de todos os indivíduos envolvidos na trajetória dessa emoção tão expansiva: quem a sente, quem a suscita, quem a recebe. Mas se é verdade que a gratidão pode funcionar como catalisador de todas as virtudes, como sustenta Cícero; se pode escancarar para quem a sente e para quem a suscita uma relação renovada com o mundo, de confiança e de generosidade, capaz de superar o cálculo tacanho das expectativas e dos ressentimentos, de escapar da tentação de se poupar e de se defender em vez de se abrir, também é verdade que o caminho não é fácil, e as diferenças individuais, assim como contribuem para nossa inclinação aos velhos «pecados capitais», também estabelecem a relação de cada um com a possibilidade de acesso a essa «genitora de todas as virtudes». Assim como há pessoas mais ou menos gulosas, ou iracundas, ou avarentas (e entre avareza e gratidão cria-se um ruído, um atrito que apenas o impulso de abandonar o hábito da contabilidade pode apagar), há pessoas que por natureza se inclinam mais em direção ao reconhecimento, e outras menos. E daí decorrem inúmeras decepções, caras amarradas, frustrações e ressentimentos, não só por parte de quem espera receber manifestações de gratidão por ter feito algum favor, mas também de quem se sente em dívida por ter se beneficiado da generosidade de outrem e vive o incômodo de não saber como se desendividar, ou, pior ainda, de não poder se permitir extinguir aquela dívida contraída talvez contra a própria vontade. Estudos psicológicos recentes elaboraram inclusive três escalas para «mensurar» a diferença individual da percepção da gratidão: uma se concentra na frequência e na intensidade com que a gratidão é sentida, a outra nos vários aspectos aos quais a emoção se volta (que pode ser para as pessoas, os bens materiais, o presente, os rituais etc.), uma terceira na relação inversamente proporcional entre ressentimento e gratidão.

Muito antes dos estudos contemporâneos, diversos observadores argutos da natureza humana já haviam intuído que no centro dos curtos-circuitos relacionados à gratidão está a relação com o sentimento de se sentir em dívida. Tácito, por exemplo, escreve que os benefícios são apreciados se houver a possibilidade de retribuí-los; quando, porém, esses limites são ultrapassados, em vez de gratidão tais benefícios geram ódio:[75] eis a confusão da qual eu mesma fui vítima por muito tempo, entre gratidão e dívida; o impulso de acertar as contas e a humilhação de não poder fazê-lo, nem sempre, não na hora. O endividamento nos torna escravos, nos convence de estar em falta, insolventes e, por reação, portanto, prontos para nos negar à relação com o outro. E vale para a gama «material» inteira dos benefícios e dos favores — um empréstimo, um presente —, mas, de modo ainda mais sutil, também para os sentimentos de afetos. Vale para o sobressalto que podemos ter diante de um belo elogio que nos é oferecido como uma homenagem, e para uma declaração de amizade ou de amor à qual não achamos que somos capazes de responder adequadamente; resultado: nos sentimos encurralados.

Até o benfeitor por vezes é obrigado a mensurar-se com os limites e as dificuldades da gratidão. Catulo, em um tom comedido, como o de quem já foi decepcionado

---

75. Tacito, *Annali*, org. di B. Ceva. Milão: Rizzoli, 1981, iv, 18.

muitas vezes, nos aconselha a nos resignarmos à ingratidão dos homens:

Desiste de esperar de alguém alguma coisa
ou crer que alguém será reconhecido.
É tudo ingratidão, em nada é bom ter feito o
bem, não!, dá tédio, mais: faz mal qual fez
comigo, a quem ninguém mais grave e fundo fere
que quem só eu de amigo teve e único.[76]

E muitos séculos depois, com seu olhar preciso e pungente, François de La Rochefoucauld daria um diagnóstico inapelável sobre as dificuldades que se encontram ao adentrar a região do reconhecimento, que necessariamente se choca com o orgulho e com o amor-próprio, de quem dá e de quem recebe: «O que cria a desilusão no reconhecimento que se espera dos favores que fizemos é que o orgulho de quem dá e o orgulho de quem recebe não conseguem se acertar sobre o preço do benefício».[77]

Mas a gratidão, a verdadeira gratidão, que para Theodor Adorno é a única lente capaz de nos oferecer a consciência da felicidade («A felicidade é como a verdade: não se possui, está-se nela. Por isso ninguém que é feliz pode saber que o é. Para ver a felicidade, deveria sair dela. *A única relação entre consciência e felicidade é a gratidão*»), nos libertará das correntes da dívida, da escravidão das contas, dos cálculos. A gratidão compreendida plenamente nos impele

---

76. Catulo, *O livro de Catulo*, tradução, introdução e notas João Angelo Oliva Neto. São Paulo: Edusp, 1996, poema 73. [N.T.]

77. F. de La Rochefoucauld, *Reflexões ou sentenças e máximas morais*, trad. e notas Rosa Freire d'Aguiar. São Paulo: Penguin & Companhia das Letras, 2014, reflexão 225. [N.T.]

não à aritmética do tomar e do doar, mas rumo à pessoa que nos ofereceu sua ajuda, ou vice-versa, rumo a quem ajudamos; porque o reconhecimento diz respeito à *relação* entre beneficiário e beneficiado. Entre um eu e um tu, que o ato de dar (e simetricamente de receber) reúne em uma reciprocidade entrelaçada de ambivalência, mas também de profunda contiguidade que existe, e resiste, entre as necessidades e as expectativas de qualquer ser humano.

Passei boa parte da vida à espera, vã, de um presente destinado a não ser um presente — o cão que eu não era capaz de pedir —, presa na impossibilidade da gratidão.

A impressão de não merecer nada, ou, de todo modo, muito pouco; o temor, enraizado, quanto mais inconsciente, era de me desapontar no momento em que fizesse uma reivindicação qualquer, manifestasse um desejo em voz alta: e se ninguém o tivesse compreendido? Ou melhor: e se, mesmo me entendendo, ninguém quisesse me concedê-lo, porque eu não o merecia? Melhor dizê-lo em voz baixa, aliás, não dizer de modo algum; melhor pensar que não teriam ouvido, melhor que permaneça um enigma.

Melhor rejeitar o amor dizendo a mim mesma: não me compreendem, mesmo que afinal fosse eu que não quisesse ser compreendida, para evitar de me certificar de que o amor que eu rejeitava não fosse mais chegar.

Foram necessários muitos anos, e muitos pacotes que não eram caixas de papelão fechadas com um laço vermelho com um filhote irrequieto dentro, para começar a entender. Foi necessário que um amor terminasse — talvez até por essa minha obsessão em me fechar — e outro começasse — com a obstinação de um olhar do qual não tive escapatória e ao qual, finalmente, também pela dor que conheci nesse meio-tempo, parei de oferecer resistência. Foi necessária, enfim, a confiança de um cão maltratado, que apesar de ter sido traído uma, duas, quantas vezes?, agora confia em mim, deixa que me aproxime dele, que o alimente, o escove, o acompanhe pelas ruas em suas longas incursões olfativas — eu olho, ele fareja o mundo, não temos sequer as mesmas percepções e, no entanto, estamos juntos num sentido tão real que não consigo descrever. Foi necessária essa rendição absoluta, insensata, de uma vida que se abandona à confiança, para que eu mesma me rendesse também. Antes eu não estava pronta, não teria sido capaz. Antes de descobrir que podia sair da lógica da contabilidade do amor, do jogo sempre na defesa por medo de contrair dívidas; antes de parar de me sentir culpada por tudo o que eu recebia, inadequada por tudo o que dava.

Agora sei que não fui excepcional, nem mesmo ao me indispor contra a gratidão: apesar do que escreveu sobre ela o economista e filósofo Adam Smith no século XVIII, imaginando-a com otimismo um pouco excessivo como um poderoso meio de recomposição das desigualdades econômicas, um regulador totalmente horizontal, a gratidão é um sentimento complexo: e isso, como já vimos, não tinha escapado a La Rochefoucauld, que soube identificar com argúcia o problema do reconhecimento em sua insolúvel relação com o amor-próprio. A língua japonesa dispõe de um conceito específico para expressar a dificuldade de ser grato, mas sobretudo a possível intromissão dos benfeitores: *arigata-meiwaku*, ou seja: «o favor que alguém insiste em lhe fazer, mesmo que você não queira». Acho que é uma sensação que todos nós conhecemos: a gratidão é capaz de suscitar sentimentos muito contraditórios, entre a admiração, a sujeição, o embaraço, a inveja e o ressentimento.

Eu também sei muito bem disso; por muito tempo não consegui entender que não preciso obrigatoriamente compensar aquilo que vem até mim, um elogio, um presente, um favor; quando muito, retribuo com um sentimento de plenitude que não se pode contar, não se mede. Como não se mede a ternura, o tempo que vivemos, e todas as coisas que contam de verdade. Era preciso um cão para me ensinar isso, um cão com seus enigmas e sua história desconhecida. Um cão encontrado atrás das grades de uma pequena cela de canil, não numa caixa com um laço, quando eu não estaria pronta.

O estranho é que compreendo, graças a esse ser que não conhece palavras, os versos mais antigos da língua italiana, ou melhor, os mais antigos cuja autoria conhecemos: os do *Cântico das criaturas*, o louvor de Francisco de Assis, com o seu senso de gratidão que preenche todas as contradições, completa-as com a perfeição panteística sobre a qual escreveria Espinosa: a alegria como sentimento de estar no mundo. Compreendo esses versos graças a uma criatura cuja língua não conheço, e que não conhece a minha:

Louvado sejas, meu Senhor,
Com todas as tuas criaturas,
Especialmente o Senhor Irmão Sol,
Que clareia o dia
E com sua luz nos alumia.

E ele é belo e radiante
Com grande esplendor:
De ti, Altíssimo é a imagem.[78]

---

78.   No original: «*Laudato sie, mi' Signore, cum tucte le tue creature,/ spetialmente messer lo frate sole,/ lo qual è iorno, et allumini noi per lui.// Et ellu è bellu e radiante cum grande splendore:/ de te, Altissimo, porta significatione.*»

Com frequência penso numa reescritura moderna desse cântico, *Outro poema dos dons* de Borges, que nasce do poema de Francisco como o sentimental do ingênuo, e me comove por isso; porque na gratidão suavíssima do santo insere-se um sinal de humanismo muito espinosano, e reforça mais uma vez o quanto somos contemporâneos, e próximos, na sorte que nos espera, no sentido da vida aqui e agora, no sentir que podemos dizer em mil línguas a qualquer animal que habite a Terra.

Bibliografia

Filosofia

ADORNO, T. W. *Minima moralia. Meditazioni della vita offesa.* Org. R. Solmi. Turim: Einaudi, 2015.

Aristóteles. *Metafisica.* Org. G. Reale. Milão: Bompiani, 2000.

_____. *Problema xxx.* 1. *Perché tutti gli uomini straordinari sono melancolici.* Org. B. Centrone. Pisa: ETS, 2019.

_____. *Retorica.* Org. F. Cannavò. Milão: Bompiani, 2014.

Austin, J. L. *Come fare cose con le parole.* Org. M. Sbisà e C. Penco. Bolonha: Marietti, 2019.

BARTHES, R. *Frammenti di un discorso amoroso.* Org. R. Guidieri. Turim: Einaudi, 2014. [Ed. bras.: *Fragmentos de um discurso amoroso.* Trad. Hortênsia dos Santos. Rio de Janeiro: F. Alves, 1981.]

CAPPELLANO, A. *De amore.* Org. J. Insana. Milão: se, 2017.

DESCARTES, R. *Le passioni dell'anima.* Org. S. Obinu. Milão: Bompiani, 2003. [Ed. bras.: *As paixões da alma.* Trad. Cristiane Fernandes. São Paulo: Lafonte, 2017.]

_____. *Meditazioni metafisiche.* Org. S. Landucci. Roma-Bari: Laterza, 2016.

EPICURO. *Opere.* Texto crítico e trad. G. Arrighetti. Turim: Einaudi, 1960. [Eds. Bras.: *Antologia de textos.* 2. ed. Trad. e notas Agostinho da Silva. Estudo introdutório de E. Joyau. Col. Os pensadores. São Paulo: Abril Cultural, 1980.]

GORGIA. *Encomio di Elena.* Org. G. Paduano. Nápolis: Liguori, 2007. [Ed. port.: «Elogio de Helena», in: *Testemunhos e fragmentos.* Trad. Manuel Barbosa e de Inês de Ornellas e Castro. Lisboa: Edições Colibri, 1993, pp. 40-46.]

KIERKEGAARD, S. *Il concetto dell'angoscia.* Org. C. Fabro. Milão: SE, 2018.

LEOPARDI, G. *Zibaldone di pensieri.* Milão: Feltrinelli, 2019.

MONTAIGNE, M. DE. *Saggi.* Org. F. Garavini. Milão: Adelphi, 1992. [Ed. bras.: *Ensaios.* Trad. Sérgio Milliet. São Paulo: Editora 34, 2016.]

Oeuvres de Rufus d'Èphèse. Paris: Hachette BNF, 2018.

PASCAL, B. *Pensieri.* Org. F. De Poli. Milão: Rizzoli, 1996. [Ed.

bras.: *Pensamentos*. Trad. Sérgio Milliet. Col. Pensadores, vol. xvi. São Paulo: Abril Cultural, 1973.]

PLATÃO. *Apologia di Socrate*. Org. G. Reale. Milão: Bompiani, 2000. [Ed. bras.: *Apologia de Sócrates*. Trad. André Malta. Porto Alegre: l&pm, 2008.]

_____ . *Teeteto*. Org. F. Trabattoni. Turim: Einaudi, 2018. [Ed. bras.: *Teeteto: o conhecimento*. Trad. Carlos Alberto Nunes. Belém: Editora UFPA, 2001, 155d.]

SCHOPENHAUER, A. *Consigli sulla felicità*. Org. C. Lamparelli. Milão: Mondadori, 2007.

SCHOPENHAUER, A. *Il mondo come volontà e rappresentazione*. Org. S. Giametta. Milão: Bompiani, 2006.

SÊNECA. *Lettere a Lucilio*. Org. G. Monti. Milão: Rizzoli, 1993. [Ed. bras.: *Edificar-se para a morte: Das cartas morais a Lucílio*. Trad. Renata Cazarini de Freitas. Petrópolis: Vozes, 2016.]

_____ . *L'ira*. Org. C. Ricci. Milão: Rizzoli, 1998. [Ed. bras.: *Sobre a ira. Sobre a tranquilidade da alma*. Trad., introdução e notas José Eduardo Lohner. São Paulo: Penguin Classics Companhia das Letras, 2014.]

SMITH, A. *Teoria dei sentimenti morali*. Org. S. Di Pietro. Milão: Rizzoli, 2013.

SPINOZA, B. *Etica*. Org. P. Cristofolini. Pisa: ETS, 2014.

_____ . *Trattato politico*. Org. P. Cristofolini. Pisa: ets, 2010.

AQUINO, TOMÁS DE. *Somma di teologia*. Org. F. Fiorentino. Roma: Città Nuova, 2018.

Psicanálise

FREUD, S. *Casi clinici. Signorina Anna O. Signorina Emmy von N*. Vol. i. Org. C. F. Piazza. Turim: Bollati Boringhieri, 1977.

_____ . *Il Mosè di Michelangelo*. Org. S. Daniele. Turim: Bollati Boringhieri, 1977.

_____ . *Lettere da Roma*. «Peccato che non si possa vivere sempre qui». Org. F. Castriota, G. Monniello e M. G. Vassallo. Roma: Lozzi, 2012.

GIROLAMI, M. *Il mio cane non conosce Cartesio*. Florença: Corso E C, 1967.

KLEIN, M. *Invidia e gratitudine*. Org. L. Zeller Tolentino. Milão: Giunti, 2021.

Literatura

ALIGHIERI, D. *Inferno, Purgatorio, Paradiso*. Org. R. Mercuri. Turim: Einaudi, 2021. [Ed. bras.: *A Divina Comédia*. Introdução, tradução e notas Vasco Graça Moura. São Paulo: Landmark, 2005.]

ASSIS, Francisco de. *Il cantico delle creature*. Org. V. Cherubino Bigi. Assis: Porziuncola, 2008.

AUDEN, W. H. *L'età dell'ansia*. Org. A. Rinaldi. Milão: Mondadori, 1965.

BORGES, J. L. *Tutte le opere*. Org. D. Porzio e H. Lyria. Milão: Mondadori, 1991.

CATULLO. *Carmina*. Org. N. Gardini. Milão: Feltrinelli, 2014. [Ed. bras.: *O livro de Catulo*. Tradução, introdução e notas João Angelo Oliva Neto. São Paulo: Edusp, 1996]

CÍCERO. *De Officiis*. Org. G. Picone e R. R. Marchese. Turim: Einaudi, 2019. [Ed. bras.: *Dos Deveres*. Tradução e notas João Mendes Neto. São Paulo: Edipro, 2019.]

GOETHE, J. W. *Faust*. Org. F. Fortini Milão: Mondadori, 2016.

GOZZANO, G. *Tutte le poesie*. Milão: Mondadori, 1991.

HARTLEY, L. P. *L'età incerta*. Org. M. Renda. Milão: Neri Pozza, 2020.

HUGO, V. *Notre Dame de Paris*. Org. C. Lusignoli. Turim: Einaudi, 2019.

I lirici greci. Saffo, Alceo, Anacreonte, Ibico. Org. G. Guidorizzi. Milão: Mondadori, 1993.

KING, S. *Cujo*. Org. T. Dobner. Milão: Sperling & Kupfer, 2014.

LA BIBBIA. San Paolo: Cinisello Balsamo, 2014. [Ed. bras.: A Bíblia de Jerusalém. São Paulo: Paulus, 1994.]

LEVI, P. *Se questo è un uomo*. Turim: Einaudi, 2014.

LUCRÉCIO. *La natura delle cose*. Org. I. Dionigi. Milão: Rizzoli, 1994. [Ed. port.: *Da natureza das coisas*. Trad. Luís Manuel Gaspar Cerqueira. Lisboa: Relógio d'Água, 2015.]

MOLIÈRE. *L'avaro*. Org. C. Garboli. Turim: Einaudi, 2004.

MONTALE, E. *Ossi di seppia*. Milão: Mondadori, 2016.

HOMERO. *Iliade*. Org. V. Monti. Milão: Rizzoli, 1990. [Ed. bras.: *Ilíada*. Tradução e prefácio

Frederico Lourenço. São Paulo: Penguin & Companhia das Letras, 2013.]

_____ . *Odissea*. Org. I. Pindemonte. Milão: Rizzoli, 1993. [Ed. bras.: *Odisseia*. Trad. e prefácio Frederico Lourenço. São Paulo: Penguin Classics & Companhia das Letras, 2011.]

OVÍDIO. *Le metamorfosi*. Org. R. Corti. Milão: Rizzoli, 1994. [Ed. bras.: *Metamorfoses*. Trad. Domingos Lucas Dias. São Paulo: Editora 34, 2017.]

PASCOLI, G. *Myricae*. Milão: Rizzoli, 2015.

PENNA, S. *Poesie, prose e diari*. Milão: Mondadori, 2017.

PLAUTO. *Miles gloriosus – Aulularia*. Org. G. Faranda. Milão: Mondadori, 2017.

PROUST, M. *Alla ricerca del tempo perduto*. Turim: Einaudi, 2017.

ROUSSEAU, J.-J. *Dictionnaire de Musique*. Bern: Peter Lang, 2008.

_____ . *Le Confessioni*. Org. G. Cesarano. Milão: Garzanti, 2014. [Ed. bras.: *As confissões de Jean-Jacques Rousseau*. Trad. Wilson Lousada. São Paulo: José Olympio, s/d.]

SCHNITZLER, A. *Doppio sogno*.

Org. G. Farese. Milão: Adelphi, 1977.

SHAKESPEARE, W. *Otello*. Org. C. Vico Lodovici. Turim: Einaudi, 1963. [Ed. bras.: *A tragédia de Otelo, o Mouro de Veneza*. Trad., introdução e notas Lawrence Flores Pereira. São Paulo: Penguin & Companhia das Letras, 2017.]

SÓFOCLES. *Aiace-Elettra*. Org. M. P. Pattoni. Milão: Rizzoli, 1997. [Ed. bras.: Sófocles. Aias. Apresentação e tradução de Flávio Ribeiro de Oliveira. São Paulo: Iluminuras, 2008;

SÓFOCLES/EURÍPIDES. *Electras(s)*. Trad. Trajano Vieira. São Paulo: Ateliê Editorial, 2009, pp. 18-77.]

_____ . *Trachinie-Filottete*. Org. M. P. Pattoni. Milão: Rizzoli, 1990.

SZYMBORSKA, W. *La gioia di scrivere. Tutte le poesie (1945-2009)*. Org. L. Rescio. Milão: Adelphi, 2009. [Ed. bras.: *Poemas*. Trad. Regina Przybycien. São Paulo: Companhia das Letras, 2011.]

TÁCITO. *Annali*. Org. B. Ceva. Milão: Rizzoli, 1981.

UNGARETTI, G. *Il porto sepolto*. Veneza: Marsilio, 2001.

VALÉRY, P. *Il cimitero marino*. Org. de M. T. Giaveri. Milão: il Saggiaore, 1984. [Ed. bras.: *O cemitério marinho*. Trad. e notas Jorge Wanderley. São Paulo: Max Limonad, 1984.]

_____ . Quaderni. Org. R. Guarini. Turim: Adelphi, 1988-2002.

VOLTAIRE. *Candido*. Org. G. Iotti. Turim: Einaudi, 2014.

_____ . *Il terremoto di Lisbona*, org. de L. Crescenzi, Mattioli 1885, Fidenza 2017.

_____ . *Poema sul disastro di Lisbona*, org. de E. Cocco. Rapallo: Il Ramo, 2004.

Coletâneas de máximas e aforismos

BIERCE, A. *Dizionario del diavolo*. Org. L. Bortoluzzi. Milão: Rizzoli, 2014.

KRAUS, K. *Essere uomini è uno sbaglio. Aforismi e pensieri*. Org. C. Sorge. Turim: Einaudi, 2012.

LA ROCHEFOUCAULD, F. de. *Sentenze e massime morali*. Org. C. Carena. Turim: Einaudi, 2015. [Ed. bras.: *Reflexões ou sentenças e máximas morais*. Trad. e notas Rosa Freire d'Aguiar. São Paulo: Penguin & Companhia das Letras, 2014]

Obras de consulta

ABBAGNANO, N. *Dizionario di filosofia*. Milão: utet, 2013.

CAMBIANO, G. e Mori, M. *Storia e antologia della filosofia*. Roma-Bari: Laterza, 2001.

D'ALEMBERT, J., DIDEROT, D. ET AL. *Encyclopédie ou dictionnaire raisonné des sciences, des arts et des métiers*. Paris: Flammarion, 1993.

Dictionnaire des sciences médicales. Org. C.-J. Panckoucke, Paris 1820.

Enciclopedia di Filosofia. Org. G. Vattimo. Milão: Garzanti, 2004.

RUSSELL, B. *Storia della filosofia occidentale*. Milão: Longanesi, 1971.

VOLTAIRE. *Dizionario filosofico. Tutte le voci del dizionario filosofico e delle domande sull'Enciclopedia*. Org. D. Felice e R. Campi. Milão: Bompiani, 2013.

Ensaios

ARIKHA, N. *Gli umori. Sangue,*

flemma, bile. Milão: Bompiani, 2009.

AUERBACH, E. *Mimesis. Il realismo nella letteratura occidentale*. Turim: Einaudi, 2000.

BENASAYAG, M. e Schmit, G. *L'epoca delle passioni triste*. Milão: Feltrinelli, 2014.

BENEDICT, R. F. *Il crisantemo e la spada. Modelli di cultura giapponese*. Roma-Bari: Laterza, 2009.

BLUMENBERG, H. *La caduta del protofilosofo*. Parma: Pratiche Editrice, 1983.

BODEI, R. *Geometria delle passioni. Paura, speranza e felicità: filosofia e uso politico*. Milão: Feltrinelli, 1991.

_____ . *Ira. La passione furente*. Bolonha: il Mulino, 2011.

_____ . *Scomposizioni. Forme dell'individuo moderno*. Turim: Einaudi, 1987.

BORGNA, E. *La nostalgia ferita*. Turim: Einaudi, 2018.

CAMPEGGIANI, P. *Introduzione alla filosofia delle emozioni*. Bolonha: Biblioteca Clueb, 2021.

CRISTOFOLINI, P. *La scienza intuitiva di Spinoza*. Pisa: ETS, 2009.

_____ . *Spinoza per tutti*. Turim: Feltrinelli, 2020.

DARWIN, C. *L'espressione delle emozioni nell'uomo e negli animali*. Turim: Bollati Boringhieri, 2012. [Ed. bras.: *A expressão das emoções no homem e nos animais*. Trad. de Leon de Souza Lobo Garcia. São Paulo: Companhia das Letras, 2009.]

DEL SOLDÀ, P. *Sulle ali degli amici*. Veneza: Marsilio, 2020.

DE LUISE, F. e Farinetti, G. *I filosofi parlano di felicita*. Turim: Einaudi, 2014.

DETIENNE, M. *I giardini di Adone*. Turim: Einaudi, 1972.

DROIT, R.-P. *Monsieur, je ne vous aime point: Voltaire et Rousseau, une amitié impossible*. Paris: Albin Michel, 2019.

FERRARIN, A. *Il pensare e l'io: Hegel e la critica di Kant*. Roma: Carocci, 2016.

FUSSI, A. *Per una teoria della vergogna*. Pisa: ets, 2018.

GALIMBERTI, U. *Il corpo*. Milão: Feltrinelli, 2002.

GANCITANO, M. e COLAMEDICI, A. *Prendila con filosofia. Manuale di fioritura personale*. Milão: Harper Collins, 2021.

GIRARD, R. *Menzogna romantica e verità romanzesca. La*

mediazione del desiderio nella letteratura e nella vita. Milão: Bompiani, 2021.

HADOT, P. *Esercizi spirituali e filosofia antica*. Turim: Einaudi, 2005. [Ed. bras.: *Exercícios Espirituais e Filosofia Antiga*. Trad. de Flávio Fontenelle e Loraine de Fátima Oliveira. São Paulo: É Realizações, 2014.]

_____ . *La felicità degli antichi*. Milão: Raffaello Cortina, 2011.

HILLMAN, J. *Il codice dell'anima. Carattere, vocazione, destino*. Milão: Adelphi, 2009.

JAMES, S. *Passion and Action: The Emotions in Seventeenth-Century Philosophy*. Oxford: Clarendon Press, 1997.

JAQUET, C. *L'unité du corps et de l'esprit : Affects, actions et passions chez Spinoza*. Paris: PUF, 2015.

LAMPERT, K. *Traditions of Compassion: From Religious Duty to Social Activism*. Londres: Palgrave Macmillan, 2005.

LAVAGETTO, M. *La cicatrice di Montaigne. Sulla bugia in letteratura*. Turim: Einaudi, 2002.

LORENZ, K. *E l'uomo incontrò il cane*. Milão: Adelphi, 1977.

LOWENTHAL, D. *The Past is a Foreign Country*. Cambridge: Cambridge University Press, 1985.

MEAD, M. *Antropologia: una scienza umana*. Roma: Ubaldini, 1970.

MORREALE, E. *L'invenzione della nostalgia*. Roma: Donzelli, 2009.

NGAI, S. *Ugly Feelings*. Cambridge, Mass: Harvard University Press, 2005.

NUSSBAUM, M. C. *L'intelligenza delle emozioni*. Bologna: il Mulino, 2009.

PASTOUREAU, M. *Verde. Storia di un colore*. Milã: Ponte alle Grazie, 2018.

PRETE, A. *Compassione. Storia di un sentimento*. Turim: Bollati Boringhieri, 2013.

_____ . *Nostalgia. Storia di un sentimento*. Milão: Raffaello Cortina, 1996.

PRUNETI, C. *Rilassamento e gestione dello stress. Storia, medicina, psicologia, sport e vita quotidiana*. Bolonha: Società Editrice Esculapio, 2020.

RITTER, H. *Sventura lontana. Saggio sulla compassione*. Milão: Adelphi, 2007.

SALECL, R. *La tirannia della*

scelta. Roma-Bari: Laterza, 2010.

SCHOECK, H. *L'invidia e la società*. Macerata: Liberilibri, 2008.

SONTAG, S. *Davanti al dolore degli altri*. Milão: nottetempo, 2021.

STAROBINSKI, J. *Jean-Jacques Rousseau, la transparence et l'obstacle*. Paris: Gallimard, 1998.

_____ . *L'inchiostro della malinconia*. Turim: Einaudi, 2014.

_____ . *L'occhio vivente. Studi su Corneille, Racine, Rousseau, Stendhal, Freud*. Turim: Einaudi, 1975.

_____ . *Montaigne. Il paradosso dell'apparenza*. Bolonha: il Mulino,1984.

VERNANT, J.-P. (org.). *L'uomo greco*. Roma-Bari: Laterza, 2005.

WASIK, B. e Murphy, M. *Rabid: a Cultural History of the World's Most Diabolical Virus*. Nova York: Viking Press, 2012.

WATT SMITH, T. *Atlante delle emozioni umane. 156 emozioni che hai provato, che non sai di aver provato, che non proverai mai*. Milão: UTET, 2017.

Das Andere
Últimos volumes publicados

24. Elisa Shua Dusapin
Inverno em Sokcho
25. Erika Fatland
Sovietistão
26. Danilo Kiš
Homo Poeticus
27. Yasmina Reza
O deus da carnificina
28. Davide Enia
Notas para um naufrágio
29. David Foster Wallace
Um antídoto contra a solidão
30. Ginevra Lamberti
Por que começo do fim
31. Géraldine Schwarz
Os amnésicos
32. Massimo Recalcati
O complexo de Telêmaco
33. Wisława Szymborska
Correio literário
34. Francesca Mannocchi
Cada um carregue sua culpa
35. Emanuele Trevi
Duas vidas
36. Kim Thúy
Ru
37. Max Lobe
A Trindade Bantu
38. W. H. Auden
Aulas sobre Shakespeare
39. Aixa de la Cruz
Mudar de ideia
40. Natalia Ginzburg
Não me pergunte jamais

41. Jonas Hassen Khemiri
A cláusula do pai
42. Edna St. Vincent Millay
Poemas, solilóquios
e sonetos
43. Czesław Miłosz
Mente cativa
44. Alice Albinia
Impérios do Indo
45. Simona Vinci
O medo do medo
46. Krystyna Dąbrowska
Agência de viagens
47. Hisham Matar
O retorno
48. Yasmina Reza
Felizes os felizes
49. Valentina Maini
O emaranhado
50. Teresa Ciabatti
A mais amada
51. Elisabeth Åsbrink
1947
52. Paolo Milone
A arte de amarrar as pessoas
53. Fleur Jaeggy
Os suaves anos do castigo
54. Roberto Calasso
Bobi
55. Yasmina Reza
«Arte»
56. Bernardo Zanoni
As minhas estúpidas intenções
57. Yasmina Reza
Babilônia

Maio
2025
Belo Horizonte
Veneza
São Paulo
Balerna